高校食堂食物浪费报告

Report on Food Waste in College and University Canteen

李丰 钱壮 钱龙 ◎ 著

本报告获

粮食公益性行业科研专项项目（201513004）
国家社会科学基金项目（14BJY221）
现代粮食流通与安全协同创新中心
国家重点研发计划重点专项（2017YFD0401401）
国家重点研发计划重点专项（2018YFD0401405）
江苏高校优势学科
江苏省重点学科
江苏省青蓝工程
资助

经济管理出版社
ECONOMY & MANAGEMENT PUBLISHING HOUSE

图书在版编目（CIP）数据

高校食堂食物浪费报告/李丰，钱壮，钱龙著. —北京：经济管理出版社，2019.4
ISBN 978 - 7 - 5096 - 6431 - 5

Ⅰ.①高… Ⅱ.①李… ②钱… ③钱… Ⅲ.①高等学校—食堂—浪费—研究报告—中国 Ⅳ.①G647.85

中国版本图书馆 CIP 数据核字（2019）第 039843 号

组稿编辑：曹　靖
责任编辑：杜　菲
责任印制：黄章平
责任校对：张晓燕

出版发行：经济管理出版社
　　　　　（北京市海淀区北蜂窝 8 号中雅大厦 A 座 11 层　100038）
网　　址：www.E - mp.com.cn
电　　话：（010）51915602
印　　刷：三河市延风印装有限公司
经　　销：新华书店
开　　本：720mm×1000mm/16
印　　张：9
字　　数：92 千字
版　　次：2019 年 4 月第 1 版　2019 年 4 月第 1 次印刷
书　　号：ISBN 978 - 7 - 5096 - 6431 - 5
定　　价：78.00 元

·版权所有　翻印必究·
凡购本社图书，如有印装错误，由本社读者服务部负责调换。
联系地址：北京阜外月坛北小街 2 号
电话：（010）68022974　　邮编：100836

前 言

联合国粮农组织(FAO)在2013年发布的一篇报告中指出:全球每年因浪费而损失掉的食物约占所生产食物总量的1/3,如何减少食物浪费已经成为全球学术界研究的重点问题。我国食物浪费问题研究起步较晚,居民家庭食物浪费问题全国性调查研究尚属空白,而对居民外出就餐浪费行为的研究,面向全国的调查目前仅有中国科学院地理科学与资源研究所开展的城市餐饮业食物浪费调查研究。高校食堂食物消费作为居民外出就餐的一部分,同样对全国食物浪费问题的研究具有重要意义。据教育部统计,截至2016年全国在校大学生约3700万人,群体庞大,食物浪费问题不容小觑。本次调查是国家粮食局2015年粮食公益性行业科研专项项目:粮食消费环节损失浪费调查评估研究。

本报告是在对全国30个省区市的30所大学食堂的调研基础上撰写的。调查最早开始于2017年6月的南京财经大学,虽然是作为预调查，但南京财经大学的食堂食物浪费调研活动依然投入了大量人力和物力，南京财经大学粮食经济研究院共 10 名硕士生和 3 名博士生参与到此次预调研之中。为期 20 天的调研为后续全国高校食堂食物浪费调研的开展积累了丰富的经验，对于后期的问卷修改和调研员培训有着非常重要的借鉴意义。

2018 年 5 月，全国高校食堂食物浪费调研正式启动，调查的第一站选在郑州市的河南财政金融学院。调查的第一天，对参与这次调查的 20 名该校学生进行培训，培训过程分为三部分：首先是问卷内容详解，根据事先制定的调查员操作手册将问卷中的问题逐一讲解，并规定正确填写方式；其次是电子秤的使用方法，现场发放此次调研的电子秤，并讲解电子秤的正确使用方式；最后是电子数据的录入，按照纸质问卷内容一一录入电子表格中，并将食物浪费率的计算方式教授给各位调查员。调查的第二天，在学校食堂将事先选定好的窗口中的所有饭菜种类全部称重，获取配餐重量标准，在此过程中，规范每位调查员的电子秤使用方法，并要求严格按照食材种类，分别称重、记档。后续的调查在该校调查组学生负责人的带领下有序进行。

按照郑州调查的模板，此后进行的全国食堂食物浪费调查均采用此种方式：由具有食堂食物浪费调查经验的同学作为培训员，在即将要调查的学校招募 10 名左右的志愿者作为调研员。培训员负责调查前期的培训任务，调研员负责深入食堂调查及后期电子表格的录入工作，培训员根据建立的微信群，每天监督调查进度和调查质量,并检查电子问卷,及时更正中间过程中可能出现的错误。

食堂食物浪费调查作为居民外出饮食浪费调查的一部分,与家庭食物浪费调查有很大区别,首先是被调查者只是作为消费者,不参与食物的烹饪活动,调查范围也仅限于烹饪完成之后的浪费行为,对于食堂食物制备过程中出现的食物浪费无法调查得知。其次是高校食堂就餐时间较为集中,学生就餐时间也相对较短,这就对调查员要求较高,所以本次调查每两位调查员作为一组,以有效提升调查效率和准确度。而同样作为居民在外饮食就餐,高校食堂食物浪费调查与餐馆食物浪费调查也不同,高校食堂窗口的菜品相对于餐馆而言更加灵活多变,每日就餐时,菜品都可能会变化。不定期变化的菜品增添了调查难度,以上海财经大学的调查为例,不到一周的调查,选定的食堂窗口每日换新。这种情况下,调查员就要不停地更新菜品配重数据,否则无法进行后期的浪费率计算,以致调查目的不能实现。

本次调查还遇到了其他问题。从培训员的角度来看:因为每个学校的调查时间都超过一周,所以选择该校的学生作为调查员更方便。但是调查员的配合度很难控制,有个别学校出现了调查员迟交电子数据等情况。并且调查员多为第一次参加此类调查,经验基本为零,所以要求培训员在培训过程中要详尽调查内容,并将需要注意的地方多加强调。从调查员的角度来看:两人一组的调查可以多份调查同时开展,在这种情况下,就出现被调查者填完问卷后,自行将餐盘送至收残处,该生浪费情况无法获取。因此,要求调查员时刻关注被调查者的就餐行为，保证每份问卷的完整性。另外，此次调查不是简单地填写问卷，剩余食物的称重是调查的重点部分，要求调查员必须克服心理障碍，完整称量被调查者剩余的食物重量。

在各位培训员及调查员的努力下，全部调查在 7 月初结束。为期两个多月的调查，19 名培训员（5 名博士生、14 名硕士生）深入 30 个省份，培训调查员超过 300 名，累计称重次数超过 30000 次，获取问卷数量近 10000 份。在此，衷心感谢各位培训员和调查员的辛勤劳动和付出。

内容提要

本报告是基于全国高校食堂食物浪费调查获得的数据分析得出。报告包括四个部分：食物浪费文献综述，全国总体分析及各区域对比分析，全国各类政府机构及高校节约粮食、减少食物浪费举措，全国高校食堂食物浪费总量测算。此次调查问卷内容被分为个体特征、节粮宣传、就餐情况三个部分。其中个体特征包括性别、年龄、是否为独生子女、小时候由谁带大、所在家庭规模、家庭月收入水平、个人月支出水平、宗教信仰等变量；节粮宣传包括是否知道"光盘行动"、接受节粮宣传的程度、日常就餐剩余情况等变量；就餐情况包括就餐时间、就餐时是否在工作日、所使用餐盘、就餐人数，以及对食物品相、口味、卫生的满意度等变量。

报告第一部分：食物浪费文献综述。对国内外相关文献进行梳理，分为食物浪费的界定、食物浪费现状和国内高校食物浪费研究现状三部分。

报告第二部分：全国总体分析及各区域对比分析。首先，对本次调查进行概况性分析，并详述具体调查步骤。其次，根据调查问卷的三部分变量进行全国总体分析，对各个变量之间的就餐浪费量及浪费率进行对比，例如男生、女生浪费量及浪费率的对比，获得全国高校食堂食物浪费总体特征。再次，根据全国省份区域划分，将问卷按照东部、中部、西部及东北地区划分为四个部分。按照与总体对比分析相同的办法，分别对比不同区域之间各个变量的浪费情况，获得高校食堂食物浪费的区域差异。最后，根据全国省份区域划分，将问卷分成南北方两个大区进行对比分析，从而获取全国高校食堂食物浪费的南北区域特征。

报告第三部分：全国各类政府机构及高校节约粮食、减少食物浪费举措。利用网络新闻查找方式，搜索近年国家粮食局、教育部等各类政府机关实施的针对学校的节约粮食政策、减少食物浪费的举措，以及清华大学、东南大学、陕西师范大学等高校在校内进行的节约粮食、减少食物浪费的行动。

报告第四部分：全国高校食堂食物浪费总量测算。利用第一部分中全国总体分析结果，根据食物生熟转化率及动物产品转换系数测算全国所有高校每日以及每年粮食损失量总和。进而，根据粮食亩产量等数据换算成耕地面积，具体测算及分析全国高校食堂食物消费过程中产生的食物浪费以及对我国粮食安全造成的影响。

目　录

1 食物浪费综述 …………………………………………………… 1

 1.1　食物浪费界定 ………………………………………………… 3

 1.2　食物浪费现状 ………………………………………………… 4

 1.3　高校食物浪费研究现状 ……………………………………… 6

2 全国高校食堂食物浪费调查概况 ……………………………… 9

 2.1　调研省份和学校 ……………………………………………… 11

 2.2　调研情况及阶段 ……………………………………………… 12

3 全国范围高校食堂食物浪费分析 ……………………………… 15

 3.1　总体分析 ……………………………………………………… 17

 3.2　不同性别的对比 ……………………………………………… 18

3.3 不同用餐日期的对比 …………………………………… 19
3.4 不同家庭来源的对比 …………………………………… 21
3.5 不同教育水平的对比 …………………………………… 22
3.6 是否为独生子女的对比 ………………………………… 24
3.7 是否是父母带大的对比 ………………………………… 26
3.8 来自不同家庭规模的对比 ……………………………… 28
3.9 不同家庭月收入水平的对比 …………………………… 29
3.10 不同月支出水平的对比 ……………………………… 31
3.11 是否有宗教信仰的对比 ……………………………… 32
3.12 是否知道"光盘行动"的对比 ……………………… 34
3.13 接受节粮宣传多少的对比 …………………………… 36
3.14 不同日常就餐剩余情况的对比 ……………………… 37
3.15 时间分析：午、晚餐的对比 ………………………… 39
3.16 餐盘分析：合成、分装餐盘的对比 ………………… 40
3.17 不同饭菜口味满意度的对比 ………………………… 41
3.18 不同就餐环境卫生满意度的对比 …………………… 43
3.19 不同饭菜品相满意度的对比 ………………………… 44
3.20 是否有人陪同就餐的对比 …………………………… 46

4 东、中、西、东北地区对比分析 …………………………… 49
  4.1 总体分析 ………………………………………………… 51
  4.2 不同性别的对比 ………………………………………… 53

4.3 不同用餐日期的对比：周末与工作日 …………… 56
4.4 不同家庭来源的对比：农村与非农村 …………… 58
4.5 不同教育水平的对比 ……………………………… 59
4.6 是否为独生子女的对比 …………………………… 62
4.7 来自不同家庭规模的对比 ………………………… 64
4.8 不同家庭月收入水平的对比 ……………………… 66
4.9 不同月支出水平的对比 …………………………… 69
4.10 是否有宗教信仰的对比 …………………………… 71
4.11 是否接受节粮宣传的对比 ………………………… 73
4.12 不同日常剩余情况的对比 ………………………… 74
4.13 不同饭菜口味满意度的对比 ……………………… 74
4.14 不同卫生情况满意度的对比 ……………………… 75
4.15 不同饭菜品相满意度的对比 ……………………… 76
4.16 是否有人陪同就餐的对比 ………………………… 76
4.17 不同用餐时间的对比 ……………………………… 77
4.18 不同餐盘形式的对比 ……………………………… 77

5 南北方对比分析 …………………………………… 79

5.1 南北方总体的对比分析 …………………………… 81
5.2 不同性别的对比 …………………………………… 81
5.3 不同就餐日期的对比 ……………………………… 83
5.4 不同家乡来源的对比 ……………………………… 85

5.5 不同教育水平的对比 …………………………………………… 87

5.6 来自不同家庭规模的对比 ……………………………………… 88

5.7 不同月支出水平的对比 ………………………………………… 90

5.8 不同就餐时间的对比 …………………………………………… 91

5.9 不同餐盘的对比 ………………………………………………… 93

5.10 不同就餐满意度的对比 ………………………………………… 94

5.11 是否有人陪同就餐的对比 ……………………………………… 95

6 总结 ……………………………………………………………………… 97

7 国家节约粮食相关政策及行动 ……………………………………… 101

7.1 国家粮食局关于切实加强节约粮食反对浪费工作的实施意见 ………………………………………………………… 103

7.2 中共中央、国务院关于印发党政机关厉行节约反对浪费条例的通知 ………………………………………………… 103

7.3 国家粮食局关于粮食行业带头爱粮节粮反对浪费的指导意见 ……………………………………………………… 104

7.4 教育部、国家粮食局合力推动"中小学爱粮节粮教育社会实践基地"建设工作 ……………………………………… 104

7.5 中国粮食行业协会发布《粮食行业爱粮节粮自律公约》 …………………………………………………………… 106

7.6 全国商贸流通业爱粮节粮宣传周 ……………………………… 107

7.7 中宣部、发改委《关于开展节俭养德全民节约行动的通知》 ……………… 108

7.8 向相关部门乃至全社会宣传爱粮节粮 …………… 110

8 部分高校减少食堂食物浪费举措 …………… 111

8.1 清华大学 …………… 113

8.2 东南大学 …………… 113

8.3 西南大学 …………… 113

8.4 北京化工大学、对外经济贸易大学、北京联合大学等 …………… 114

8.5 陕西师范大学 …………… 115

8.6 山西大学 …………… 115

8.7 北京大学 …………… 116

8.8 复旦大学 …………… 116

9 全国高校食堂食物浪费量估测 …………… 119

参考文献 …………… 125

后记 …………… 129

1

食物浪费综述

1.1 食物浪费界定

国际上虽然对食物浪费已经展开了多方面的研究，但是不同国家和不同研究领域对食物浪费的定义和划分标准尚未达成一致。联合国粮农组织（FAO）将任何改变食物的可用性、可食性、有益于健康的特性或质量，从而减少了它对人的价值的后果统称为食物损失，并将供应链末端消费阶段的食物损失定义为食物浪费。欧盟（EC，2011）对于食物浪费的定义是"由未加工或熟食物料组成，包括在家庭膳食准备之前、期间或之后的食物损失，以及在制造、分销、零售和食品服务活动过程中丢弃的食物"，而粮食损失"是指原本可以用于人类消费，但由于质量或营养价值下降使其已不适合人类消费的粮食损失"（FAO，2013）。

此外，有学者将家庭食物浪费分为可避免的和不可避免的食物浪费两类，即丢弃的为食物可食用部分和不可避免的食物浪费，后者是来自食品制备的浪费，即除去不可食用的部分，如骨头、壳和皮等（WRAP，2009；Scheider，2013；Parfitt et al.，2010）。

国内一些学者也对食物浪费的概念进行了界定。张丹等（2016）研究的食物浪费是指在消费环节餐饮业中可以避免的浪费（Avoidable Food Waste），即由于人们不合理的消费行为，以及由于缺乏节约精神等主观意识的影响，在现有条件下造成的本可以避免的一种食物损失。而一些食物垃圾，如蔬菜皮、豆渣、骨头等不属于食物浪费的范畴。其研究发现，食物浪费与人的消费行为有密切关系，主要发生在零售阶段以及终端消费阶段（如超市、零售市场、批发市场以及家庭、餐馆和食堂等）。王灵恩（2015）认为 FAO 对于食物浪费的这种界定过于武断，且不符合中国食物在运输和仓储等供应环节中同时存在大量浪费的实际。在我国，食物从生产、加工再到消费这样一个流动过程中，浪费现象贯穿始末。食物浪费是由于人们不合理的消费目的和行为，以及由于缺乏节约精神等主观意识，在现有的条件下本可以避免的一种食物损失。食物损耗更多的是描述在食物生产、加工、流通环节的食物损失，而食物浪费则更加强调消费者在消费末端造成的食物损失。

对于食物浪费在概念和界定方面的差异增加了各项研究之间比较和借鉴的难度，因此明确食物浪费概念，形成统一共识是非常有必要的。

1.2　食物浪费现状

国际上针对食物供应链系统中食物浪费研究环节各有侧重。在消费环节，研究的重点主要是餐桌上的浪费，也就是餐盘中的食物剩余。研究主要侧重在学校、家庭、医院、餐饮服务行业，尤其是在欧美等发达国家。

据统计,全球人类每年有 1/3 的食物可食用部分被浪费了(Gustavsson et al.,2011)。食物浪费主要来源于高收入国家的一些不当的营销和消费者行为,这些浪费主要发生于食品制造、分销、杂货零售和酒店等行业(Griffin et al.,2009;Quested et al.,2011)。据估计,英国家庭每年产生 720 万吨食物浪费,其中大部分被英国废弃物回收行动组织(Waste and Resources Action Programme,WRAP)认为是可避免的,但研究表明消费者并不认同食物浪费的行为(Bolton & Alba,2012)。Ella 等(2014)通过抽样调查选取了英国 15 个家庭对降低家庭食物浪费的动机和壁垒进行研究,得出影响家庭食物浪费的潜在因素。WRAP 作为具有代表性的机构,自 2000 年以来针对家庭、学校食堂、餐饮服务、零售以及包装技术等领域开展了一系列广泛而深入的食物浪费调查工作,相继发表了一系列食物损失和浪费的研究报告。

国外相关研究表明,可避免的食物浪费对环境、经济和社会等方面会造成影响。首先,一些研究强调了食物浪费在温室气体排放方面的环境影响(WRAP,2009),或强调由于食物损失引起的水土浪费(Lundqvist et al.,2008)。WRAP(2011)进行的另一项研究计算出,可避免的家庭食物浪费的平均碳足迹为每人每年 330 千克二氧化碳当量,大约相当于英国每人每户家庭用电二氧化碳排放量的 1/3。其次,一些研究集中于食品浪费的经济影响。WRAP(2011)报告显示,英国一般家庭每年的食物浪费成本约为 420 英镑。在意大利,由于浪费食物造成的经济损失为每个家庭每年 454

欧元。最后，关于食品浪费的社会影响。相关研究显示，发达国家浪费的食物量（2.22亿吨）约等于撒哈拉以南非洲的粮食净产总量（2.3亿吨）（Gustavsson et al.，2011）。

然而，到目前为止，国内学术界对食物浪费的有限研究大多聚焦于宏观尺度，对供应链中消费环节的食物浪费的研究相对较为缺乏。其中，张丹等（2016）以北京市餐饮食物浪费问题为切入点，在通过问卷调查和称重方法对餐饮食物浪费状况进行调查的基础上，将整个食物生命周期各供应链环节相应的温室气体排放纳入考量，估算了北京市餐饮食物浪费的碳排放量。但整体而言，基于微观视角开展的大样本调查非常少见。

1.3 高校食物浪费研究现状

国内较少涉及针对高校食堂食物浪费问题的研究。赵云昌（2013）研究发现，吉林农业大学食堂中浪费现象严重，只有24.01%的学生做到了"光盘"没有浪费食物，因此认为现今大学生节约意识淡薄。范婷婷（2015）通过研究安徽科技大学食堂浪费情况发现，饭菜口感不佳是学生浪费的主要原因，且大部分学生对粮食浪费已经司空见惯。对于食堂浪费的影响因素研究显示，学生自身节约意识不强造成了较多浪费（汪洋，2008；尹成林，2014）。赵婧（2008）认为大学生非理性消费造成了食堂食物浪费现象。韩风

（2014）提出应从社会监督、学校食堂的制度和家庭节约意识三个角度提出减少食物浪费的相关政策。另外，就餐方式及餐饮制度等同样对食物浪费产生影响（樊琦，2015）。

青少年对食物浪费关注度越高，食物浪费就越少，而如果对于食物新鲜度关注度越高，同样会加重食物浪费现象（Principato et al.，2015）。对于食物浪费造成的经济、环境、社会影响的关注度越低，浪费越多，甚至"太忙了以至于不想关心"等态度问题也会造成学生的食物浪费（Clark，2018）。

2

全国高校食堂食物浪费调查概况

2 全国高校食堂食物浪费调查概况

2.1 调研省份和学校

本报告课题组开展的本次全国调查,从高校食堂消费者——学生的视角调查餐桌浪费。经过两个多月的全国实地调研,本次调查共深入全国除港澳台和西藏外的30个省区市。每个省份选择一所高校作为实际调研地点并在该高校招募10~20名调查员,在调查之前,具有食堂食物浪费调研经验的硕士生和博士生对调查员进行培训,详细讲解调研方法、问卷填写规范及后期数据整理等工作,并每天监督调研进度和调研质量。调研省份及学校汇总如表2.1所示。

表2.1 调研省份及学校汇总

序号	省份	城市	学校	序号	省份	城市	学校
1	浙江	湖州	湖州师范学院	16	辽宁	沈阳	沈阳理工大学
2	上海	上海	上海财经大学	17	吉林	长春	吉林大学
3	湖北	武汉	武汉轻工大学	18	黑龙江	哈尔滨	哈尔滨工业大学
4	江西	南昌	江西农业大学	19	湖南	长沙	湖南大学
5	广西	南宁	广西大学	20	福建	厦门	厦门理工学院
6	云南	昆明	西南林业大学	21	河北	保定	河北大学
7	贵州	贵阳	贵州大学	22	天津	天津	天津财经大学
8	广东	深圳	深圳大学	23	四川	成都	四川农业大学
9	北京	北京	北京师范大学	24	海南	海口	海南大学
10	陕西	西安	陕西师范大学	25	河南	郑州	河南财政金融学院
11	甘肃	兰州	兰州理工大学	26	宁夏	银川	宁夏大学
12	重庆	重庆	重庆理工大学	27	青海	西宁	青海师范大学
13	山东	济南	山东财经大学	28	山西	太原	山西财经大学
14	安徽	宿州	宿州学院	29	内蒙古	呼和浩特	内蒙古工业大学
15	新疆	石河子	石河子大学	30	江苏	南京	南京邮电大学

资料来源:江苏省高校食堂食物浪费数据采用2017年11月南京邮电大学调研数据,调研模式与此次相同。

2.2 调研情况及阶段

本次调研，全国共收集问卷 9660 份，其中男女比例分别为 51% 和 49%（见图 2.1）；用餐者使用的餐盘分为合成餐盘和分装餐盘两种，其中合成餐盘占比 68%、分装餐盘占比 32%；调研的用餐时间为午餐和晚餐，午餐占比 45%、晚餐占比 55%；根据被调查者家庭来源分为农村和非农村两种，前者占比 44%，后者占比 56%（见图 2.2）。

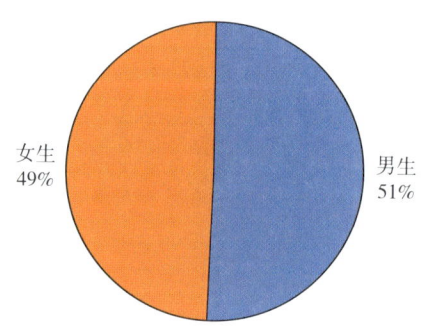

图 2.1 全国调研被调查者男女比例

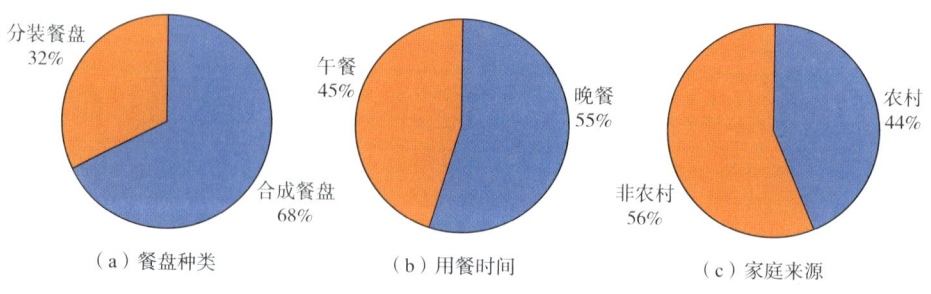

图 2.2 全国调研餐盘种类、午晚餐及家庭来源比例

2 全国高校食堂食物浪费调查概况

本次食堂食物浪费调查分为标准重量测定、食物浪费测量、后期数据处理三个阶段。第一阶段即标准重量测定阶段,在被调查学校食堂的营养套餐窗口将所有菜品逐一进行标准重量测定,除此之外选定一种以上面食窗口测量面食标准重量;第二阶段,在进行实际测量时,以学生为调研对象,测量被调查者用餐完毕后的食物剩余重量。在本次调查中,学生食堂就餐所剩余的食物可食用部分被定义为食物浪费。正文中的"剩余量"、"总剩余量"表示意义分别与"浪费量"、"总浪费量"一致。第三阶段,调查员整理纸质问卷,将纸质问卷的数据整理成电子版,此阶段根据问卷质量确定有效问卷,及时反馈缺乏的标准重量数据,及时补充标准重量数据。

标准重量是学生购买一份食物的净重量。调研员根据食堂食物种类选取需要测定标准重量的固定窗口,窗口选取时应包含米饭、面食等主食,且包含蔬菜、禽肉、猪肉、牛羊肉、蛋类、水产品、豆制品等食物。固定窗口选定后，调研员亲自与所选窗口的工作人员交涉，称重该窗口的所有食物的标准重量，食物称重时严格仔细，若该食物含有多类食材，分类别称重，如西红柿炒蛋，分别称鸡蛋、西红柿的重量及食物总重量。

3

全国范围高校食堂食物浪费分析

3 全国范围高校食堂食物浪费分析

3.1 总体分析

基于课题组调查的所有学校样本来看,高校食堂就餐人均浪费食物 67.55 克,浪费率为 12.86%。在被调查的所有食材种类中,蔬菜浪费率最高,为 16.79%,米制品其次,为 14.54%,豆制品为 13.25%,居第三位。面食作为除米制品之外的另一种主食,浪费率为 10.21%,低于大部分食材,牛羊肉浪费率最低,为 4.64%。从数量上看,面食浪费量最高,达到 43.03 克,米制品其次为 33.99 克,两种主食占据浪费量的前两名。此外,蔬菜浪费量略低于米制品,达到 31.07 克,此三种食材种类浪费量为第一梯队;豆制品和水产品浪费量居于第二梯队,分别为 16.25 克和 15.40 克;猪肉、禽肉、蛋类以及牛羊肉的浪费量处于最低的第三梯队,其中牛羊肉的浪费量在所有食材种类中最低,仅为 3.74 克(见图 3.1 和图 3.2)。

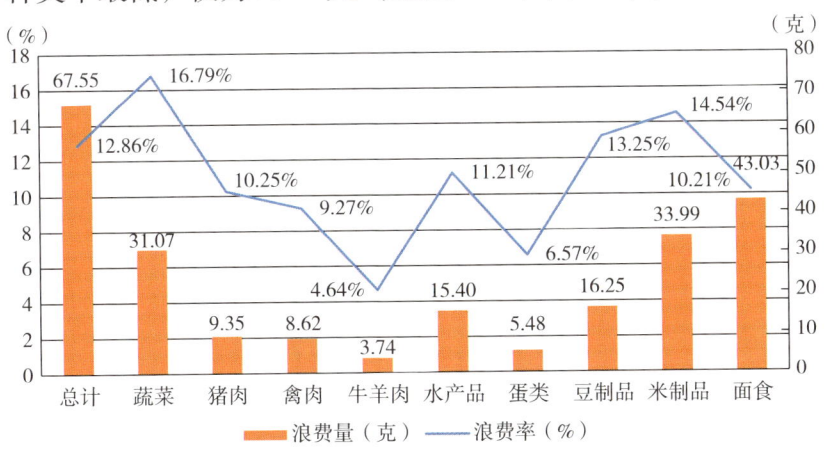

图 3.1 全国高校食堂食物浪费概况

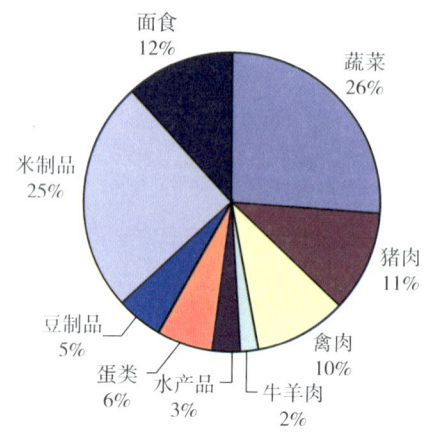

图 3.2　全国高校食堂食物浪费各食材种类调查比例

3.2　不同性别的对比

在本次调查中，男生样本数达到 4832 人次，女生样本数为 4730 人次。在所有食材种类中，女生的浪费量均高于男生，其中面食浪费量 50.89 克，是男生的 1.52 倍，米制品浪费量 42.48 克，超过男生 76.17 个百分点。在总浪费量上，女生为 78.70 克，远高于男生的 57.24 克（见图 3.3）。男女相同的是：面食、米制品和蔬菜为浪费量最高的三种食材；猪肉、禽肉、牛羊肉和蛋类为浪费量最低的四种食材；水产品和豆制品浪费量处于中间水平。此情况与全国整体情况相同。从浪费比例来看，女生除了禽肉、牛羊肉和蛋类之外，其他食材种类浪费率均超过 10%，其中米制品浪费率更是超过 20%，达到 20.05%。男生只有蔬菜、豆制品和水产品浪费率超过

10%，其中蔬菜最高，为15.59%（见图3.4）。

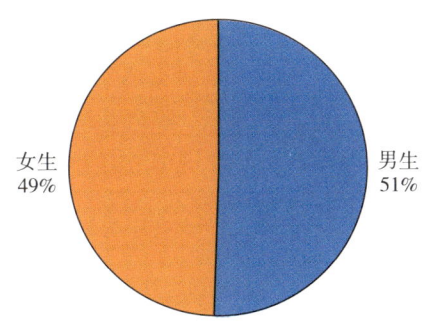

图 3.3　男女被调查者比例

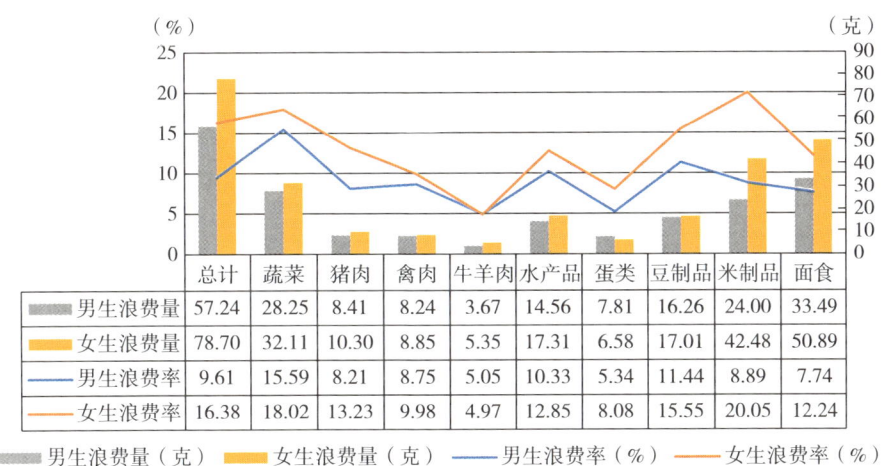

图 3.4　全国高校食堂食物浪费男女对比

3.3　不同用餐日期的对比

在本次调查中，周末样本数 2947 份，工作日样本数 6514 份（见图 3.5）。周末和工作日的浪费情况区别不大，其中禽肉、米制品和面食三类食材的浪费量及浪费率相近，周末及工作日课程安排密集程度的不同对这三类食材的浪费情况影响不大。总浪费量、猪肉、水产品以及豆制品的工作日浪费量要高于周末浪费量。猪肉、牛羊肉和蛋类的浪费量与浪费率出现了相反的情况，牛羊肉和豆制品的工作日浪费量低于周末浪费量，但是浪费率却低于周末浪费率，工作日猪肉浪费量高于周末，浪费率却与周末相同，造成四种情况的原因可能是周末和工作日的食堂配菜不同（见图3.6）。

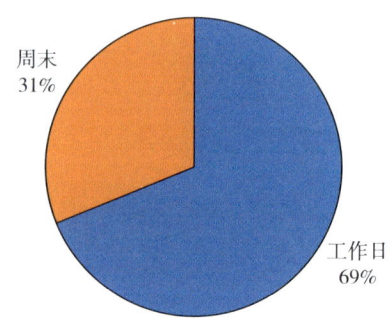

图3.5　周末和工作日问卷比例

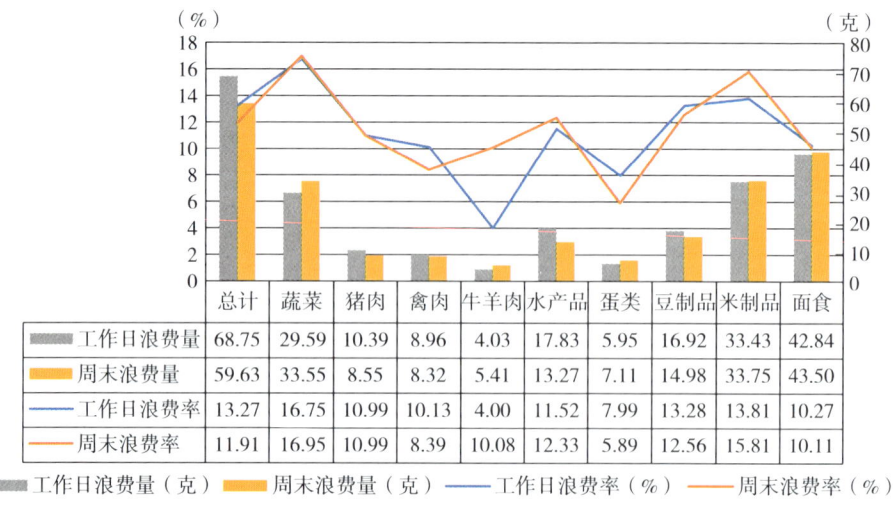

图3.6　全国高校食堂食物浪费周末、工作日对比

3.4 不同家庭来源的对比

在本次调查中,来自农村家庭样本数 4162 份,来自非农村家庭样本数 5402 份(见图 3.7)。来自农村家庭的被调查者与来自非农村家庭的被调查者之间,浪费情况差距不大。农村家庭的被调查者在总浪费量以及猪肉、禽肉、水产品、蛋类、豆制品、米制品和面食等大部分食材种类中浪费量均小于非农村家庭,蔬菜及牛羊肉略高于非农村家庭。两者相同的是,蔬菜均为浪费率最高的食材种类,牛羊肉则最低。面食的浪费量虽然高于米制品浪费量,浪费率则小于米制品(见图 3.8)。

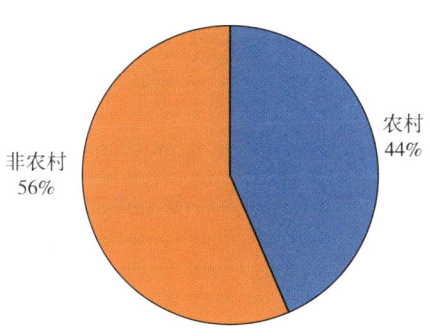

图 3.7 来自农村和非农村地区比例

■ 高校食堂食物浪费报告

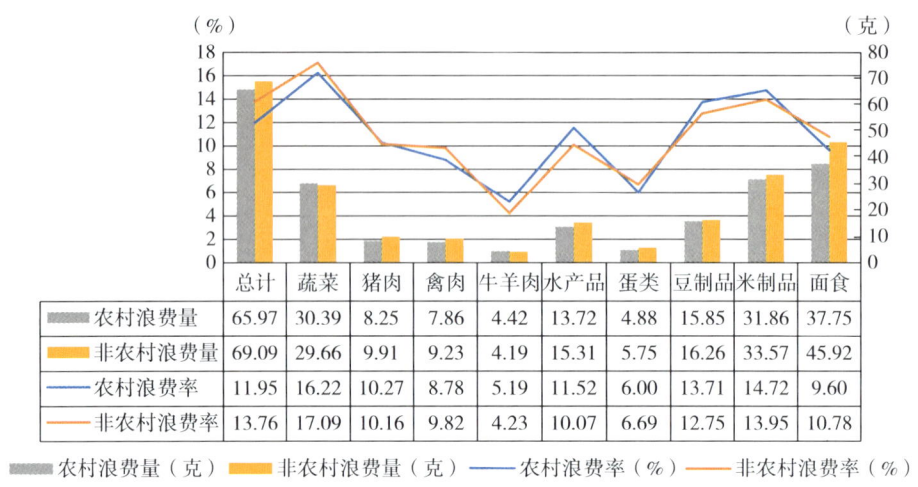

图 3.8　全国高校食堂食物浪费农村、非农村对比

3.5　不同教育水平的对比

在本次调查的大学生群体中，本科生、硕士生、博士生样本数分别为 7876 份、1604 份和 158 份（见图 3.9）。将本次的问卷根据学历分成本科生、硕士生和博士生三组进行浪费情况对比。从浪费量来看，三组的浪费情况相似，面食、米制品和蔬菜是浪费量最高的三种食材，牛羊肉、蛋类和猪肉是浪费量最少的三种食材。三组对比可知，博士生蔬菜、牛羊肉、水产品、豆制品、米制品和面食浪费量在三组中最低；硕士生猪肉浪费量最低；本科生蛋类浪费率最低。硕士生禽肉浪费量高于本科生，博士生最低。就总浪费量来看，博士生浪费最少、本科生居中、硕士生最多（见图 3.10）。

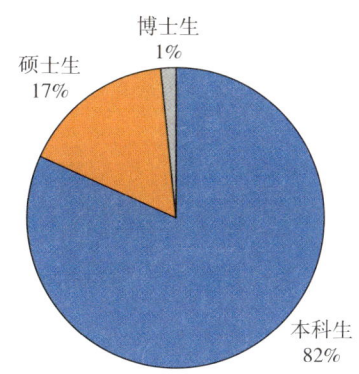

图 3.9 本科生、硕士生和博士生比例

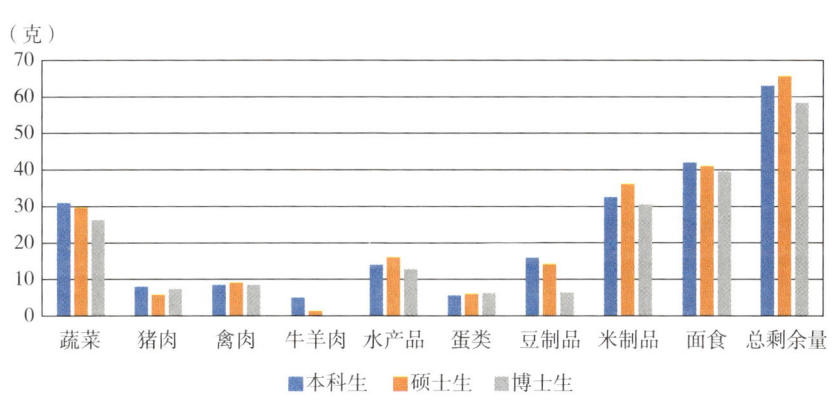

图 3.10 全国高校食堂食物浪费量学历对比

从浪费率来看,三组差异较大。蔬菜、豆制品和米制品是本科生浪费率最高的三种食材;蔬菜、米制品和水产品为硕士生浪费率最高的三种食材;而博士生浪费率最高的三种食材分别是豆制品、蔬菜和水产品。可见不管学历如何,蔬菜的浪费率都较高。在两大主食中,三组浪费率情况相似,均是硕士生最高、本科生其次、博士生最低。在肉类中,猪肉浪费率中博士生最高、禽肉浪费率中硕士生最高、牛羊肉浪费率中本科生最高、水产品浪费率中硕士生最高。总体来说，硕士生浪费率普遍高于其他两组，禽肉、水产品、蛋类、米制品、面食和总浪费率都高于其他两组。博士生则在禽肉、牛羊肉、蛋类、米制品、面食和总浪费率中均低于其他两组（见图3.11）。

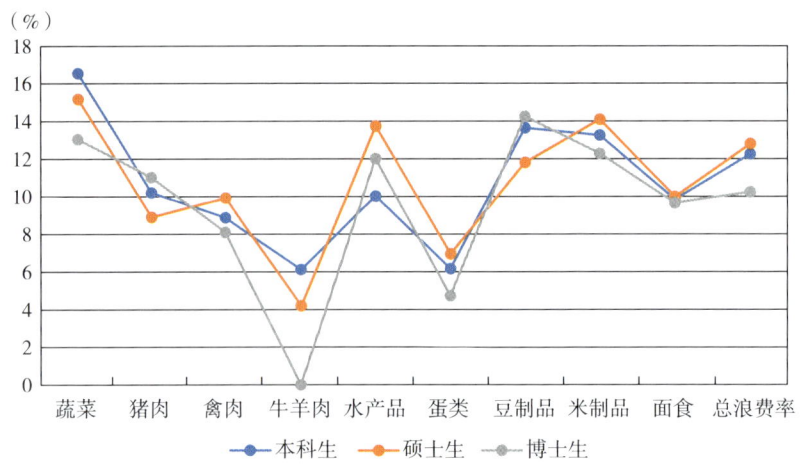

图 3.11　全国高校食堂食物浪费率学历对比

3.6　是否为独生子女的对比

在本次调查的所有学生样本中，独生子女样本数4059份，非独生子女样本数5572份（见图3.12）。整体而言，浪费情况在独生子女和非独生子女中差异很小。从浪费量来看，两者均是面食、米制品和蔬菜浪费最多，牛羊肉、蛋类和猪肉浪费最少。虽然两类群体的浪费量接近，但是非独生子女除了蔬菜和米制品浪费量略高于独生子女之外，其他食材的浪费率均低于独生子女。

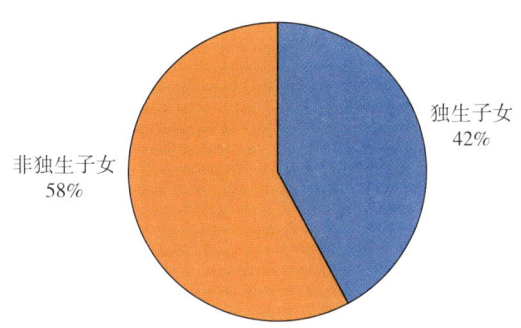

图 3.12　独生子女、非独生子女比例

从浪费率来看，也呈现出和浪费量相似的情况。两者对蔬菜、禽肉、水产品、蛋类、豆制品和面食的浪费及总浪费率接近，差异不超过 1%。在猪肉浪费率中，独生子女高出非独生子女 1.18 个百分点，牛羊肉则高出 5 个百分点以上，米制品浪费率比非独生子女低了 1.73%。整体而言，独生子女并没有表现出更高的食物浪费量和食物浪费率（见图 3.13 和图 3.14）。

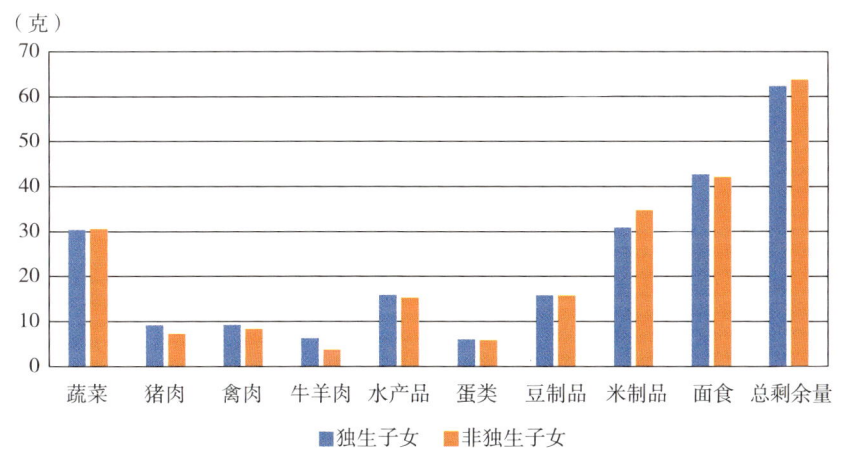

图 3.13　是否为独生子女的浪费量对比

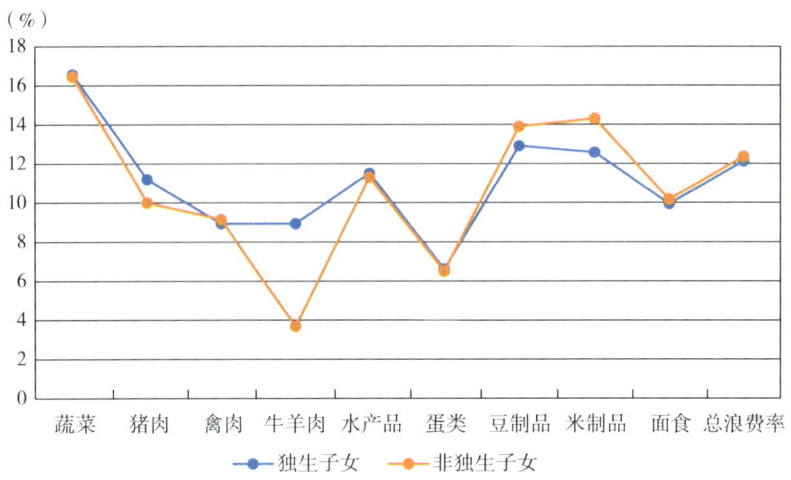

图 3.14 是否为独生子女的浪费率对比

3.7 是否是父母带大的对比

在本次调查中，学生由父母带大的样本数 7376 份，由非父母带大的样本数 2212 份（见图 3.15）。不是父母带大的被调查者，整体浪费情况略高于父母带大的被调查者。除了牛羊肉和水产品食材之外，差异均很小。在牛羊肉中，由父母带大的被调查者浪费量为 2.94 克，远低于由非父母带大的被调查者的 7.51 克。水产品则出现相反的情况，由非父母带大的被调查者浪费量为 19.91 克，高于父母带大的被调查者的 10.31 克。浪费率情况与浪费量相似，除了牛羊肉和水产品之外，其他食材的浪费及总浪费率相近，由非父母带大的被调查者浪费率普遍略高于由父母带大的被调查者（见图 3.16 和图 3.17）。

3 全国范围高校食堂食物浪费分析

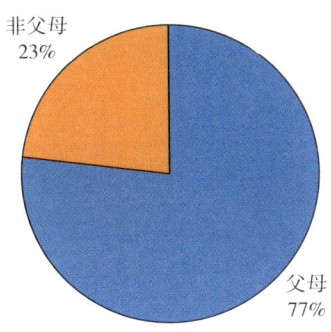

图 3.15 是否由父母带大的比例

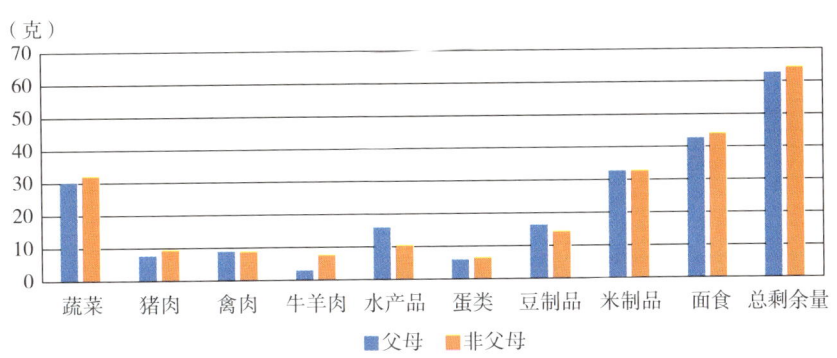

图 3.16 是否为父母带大的浪费量对比

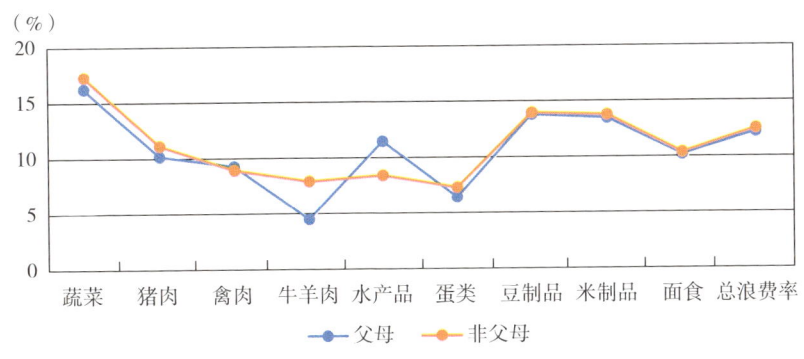

图 3.17 是否为父母带大的浪费率对比

3.8 来自不同家庭规模的对比

本次调查中的被调查者家庭人数进行区分，为1~3人、4~5人和6人及以上三种规模（见图3.18）。其中小规模家庭样本数3176份、中等规模样本数4693份、大规模家庭样本数864份。统计发现，猪肉、米制品浪费量和总浪费量均随着所在家庭规模的增大而上升，这与已有的文献研究保持一致（Parfitt et al.，2010）。但禽肉和牛羊肉出现了相反的情况，该食材的浪费量与所在家庭规模成反比（见图3.19和图3.20）。

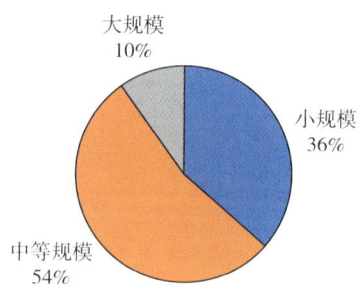

图3.18 不同规模家庭的比例

3 全国范围高校食堂食物浪费分析

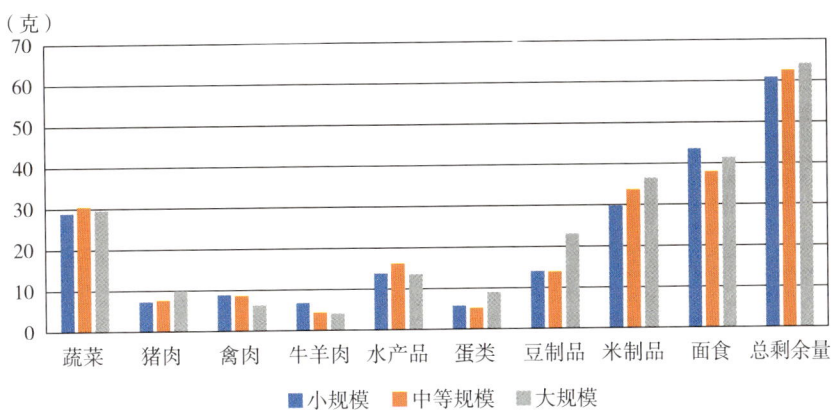

图 3.19 来自不同的家庭规模的浪费量对比

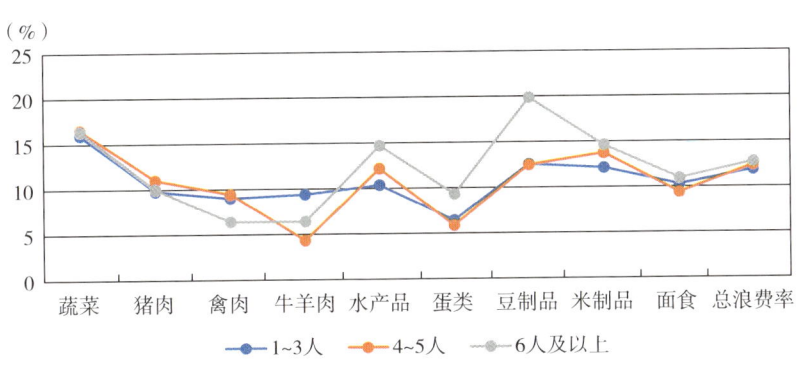

图 3.20 来自不同的家庭规模的浪费率对比

3.9 不同家庭月收入水平的对比

本次调查，根据家庭月收入水平分成 5000 元以下低收入家庭、5000~10000 元中等收入家庭和 10000 元以上的高收入家庭，三类家庭样本数分别为 3700 份、3361 份和 1655 份（见图 3.21）。统计发现，猪肉、禽肉、豆制品、面食的浪费量与总剩余量情况随着家庭收入的增加逐渐增高，这与已有研究保持一致（Segrè et al., 2014）。牛羊肉浪费量则随着家庭收入的增加而减少。除此之外，来自高收入家庭被调查者的蔬菜、水产品浪费量高于其他收入水平的家庭。从浪费比例来看，蔬菜、猪肉、蛋类、面食和总浪费率均表现为同家庭收入水平成正比关系（见图 3.22 和图 3.23）。

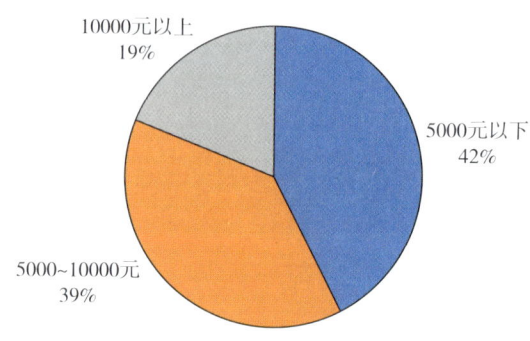

图 3.21 不同收入水平家庭的比例

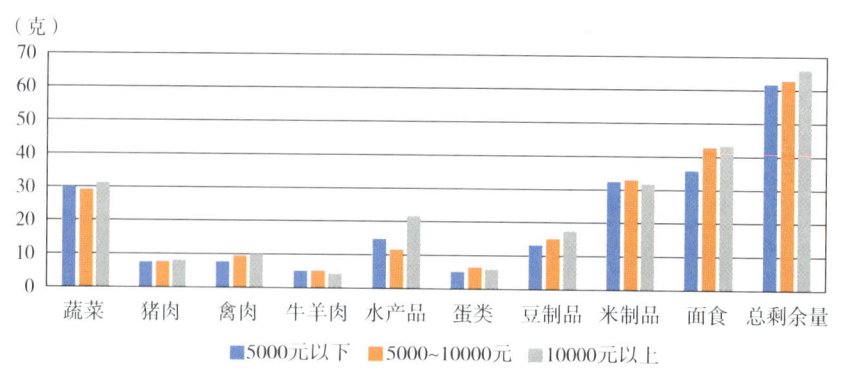

图 3.22 不同家庭月收入水平浪费量的对比

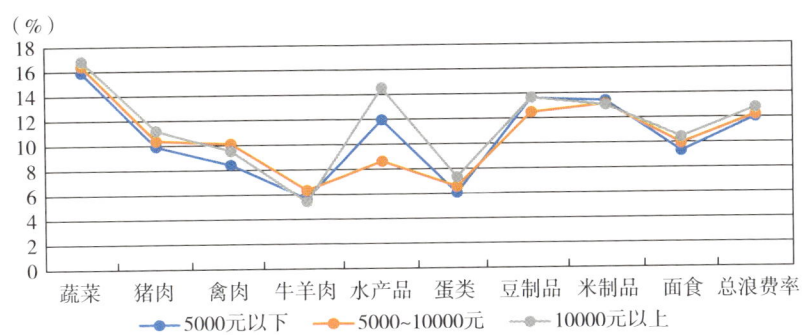

图 3.23 不同家庭月收入水平浪费率的对比

3.10 不同月支出水平的对比

课题组将被调查者月支出水平按照1500元以下、1500~3000元和3000元以上区分为低支出水平、中等支出水平和高支出水平三组进行对比分析,此三类群体样本数分别为7619份、1751份和116份(见图3.24)。其中猪肉、禽肉、米制品和总浪费量随着月支出水平的上升,浪费量相应增加。水产品在高支出水平组浪费量最高。在浪费

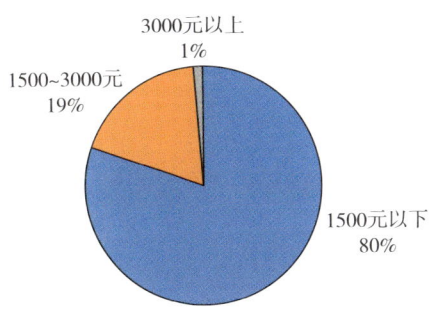

图 3.24 不同支出水平的比例

率方面，猪肉和禽肉的浪费率随着支出水平的上升，浪费率增大。此外，牛羊肉和水产品的浪费率，高支出水平组最高；米制品浪费率和总浪费率，低支出水平组浪费率最低（见图3.25和图3.26）。

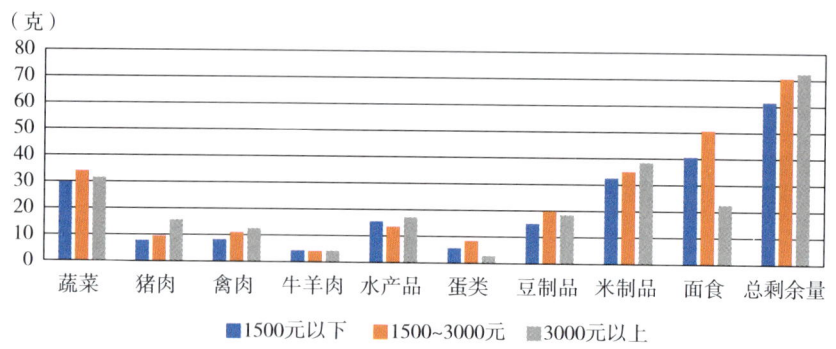

图3.25 不同月支出水平的浪费量对比

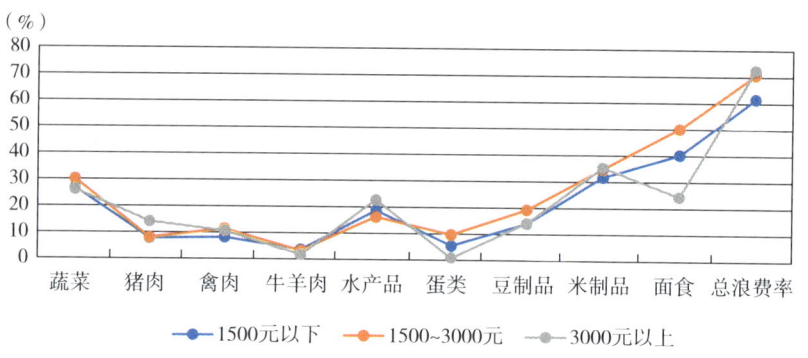

图3.26 不同月支出水平的浪费率对比

3.11 是否有宗教信仰的对比

本次调查中有宗教信仰人数809人、没有宗教信仰人数8807人（见图3.27）。宗教信仰对于食堂食物浪费有一定的影响，其中蔬菜、牛羊肉、蛋类浪费量与总浪费量中出现有宗教信仰的被调查者低于没有宗教信仰的被调查者,其他食材的情况相反。在浪费率情况中,则是有宗教信仰的被调查者在蔬菜、蛋类、面食和总浪费率低于没有宗教信仰的被调查者,其他均高于对方(见图3.28和图3.29)。

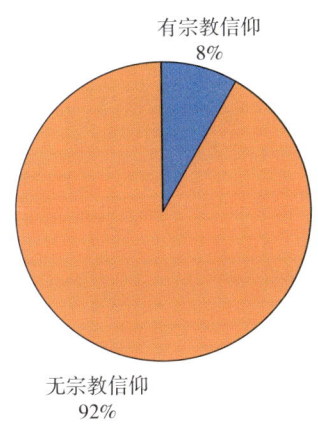

图 3.27 是否有宗教信仰的比例

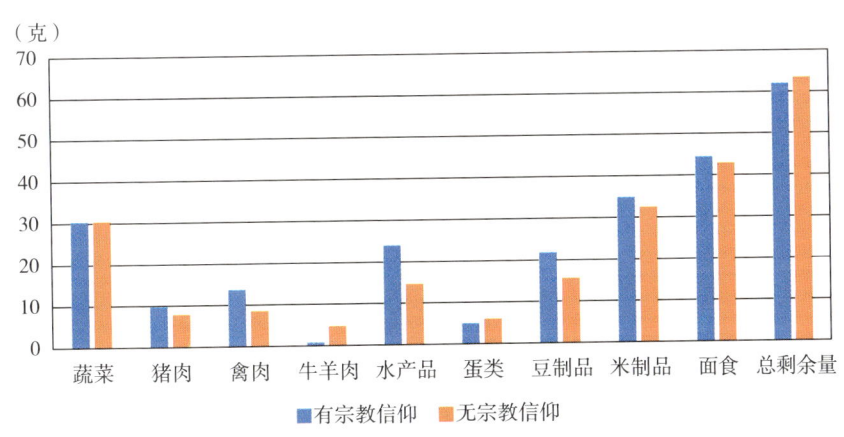

图 3.28 是否有宗教信仰的浪费量对比

■ 高校食堂食物浪费报告

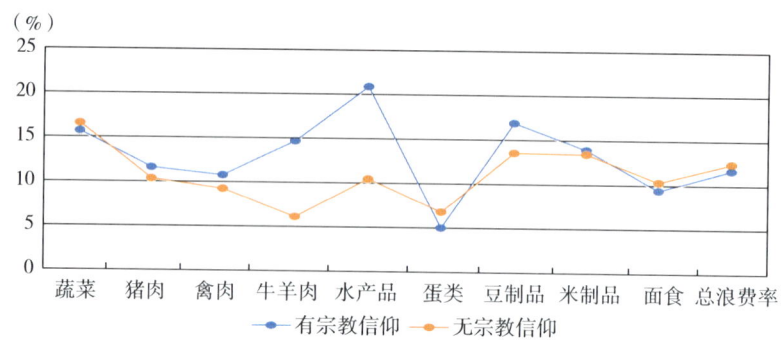

图 3.29　是否有宗教信仰的浪费率对比

3.12　是否知道"光盘行动"的对比

在本次调查中，了解"光盘行动"样本数 7075 份、不了解或了解很少的样本数 2564 份（见图 3.30）。被调查者是否了解"光盘行动"对其浪费情况影响明显。在蔬菜、猪肉、禽肉、牛羊肉、豆制品、米制品、面食浪费量和总浪费量中，了解"光盘行动"的被调

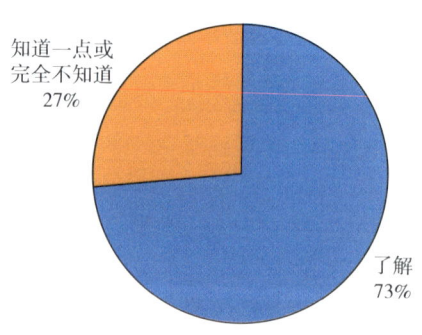

图 3.30　了解"光盘行动"不同程度的比例

查者浪费量明显低于了解很少甚至不知道"光盘行动"的被调查者。水产品则出现相反情况，知晓者的浪费量表现更为明显。在浪费率方面，除了水产品，了解"光盘行动"的被调查者略高于了解很少甚至不知道的被调查者0.23个百分点之外，其他食材均低于对方。尤其是牛羊肉和豆制品，低于对方超过2个百分点。这一结果表明，宣传"光盘行动"还是有一定成效的（见图3.31和图3.32）。

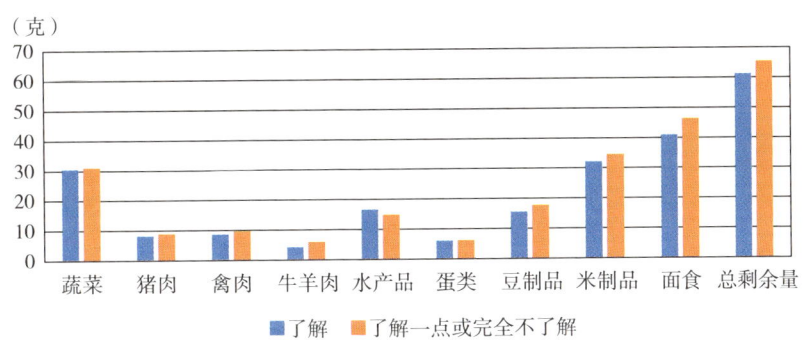

图3.31 是否知道"光盘行动"的浪费量对比

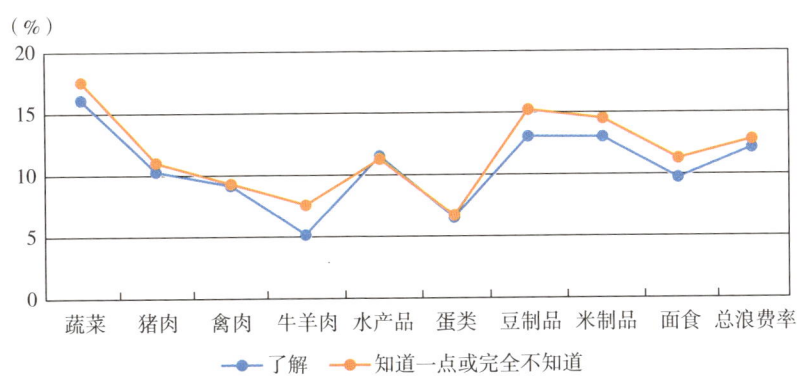

图3.32 是否知道"光盘行动"的浪费率对比

3.13 接受节粮宣传多少的对比

在本次调查中，接受很多节粮宣传的样本数 3874 份、接受很少或没有样本数 5758 份（见图 3.33）。接受节粮宣传的情况与是否知道"光盘行动"情况相似。在数量上，接受过很多节粮宣传的被调查者，除了对牛羊肉和水产品两种食材的浪费略高，其他食材及总浪费量均低于接受很少或没有的被调查者。在浪费率方面，只有水产品的浪费率高于接受很少或没有的被调查者，其他食材均低于对方。这一结果表明加强节约粮食宣传对于减少粮食浪费是十分必要的（见图 3.34 和图 3.35）。

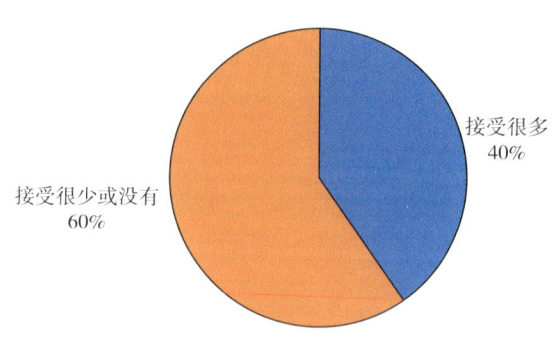

图 3.33 接受节粮宣传不同程度的比例

3 全国范围高校食堂食物浪费分析

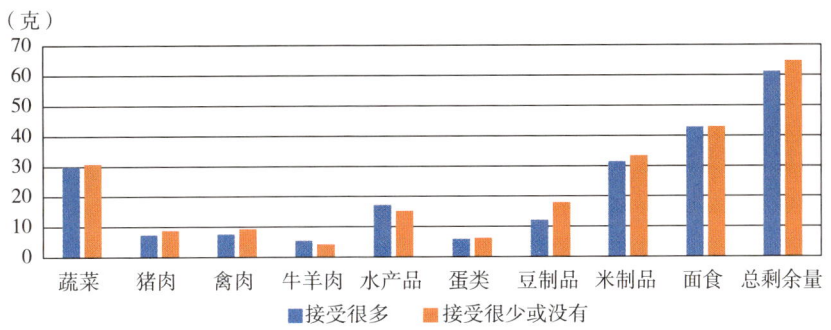

图 3.34 接受节粮宣传多少的浪费量对比

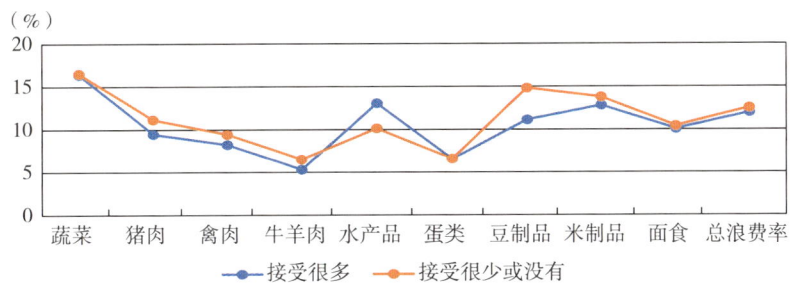

图 3.35 接受节粮宣传多少的浪费率对比

3.14 不同日常就餐剩余情况的对比

在本次调查中，日常就餐经常或总是剩余样本数1887份、偶尔或从不剩余样本数为7611份（见图3.36）。在被调查者日常剩余情况中，除牛羊肉外，所有食材浪费量及总浪费量均是从不或偶尔剩余的被调查者浪费较少。其中以面食、米制品和总浪费量尤为突出，经常或者总是剩余的被调查者剩余量接近甚至超过从不或偶尔剩余的被调查者剩余量的 2 倍。从浪费比例角度来看,除了牛羊肉中从不或偶尔剩余的被调查者浪费率略高以外,其他食材及总浪费率均低于经常或总是剩余的被调查者。其中面食浪费率、蔬菜浪费率及总浪费率中,从不或偶尔剩余的被调查者分别为 8.49%、14.52% 和 10.45%,远低于对方的 17.21%、23.22% 和 19.30%(见图 3.37 和图 3.38)。

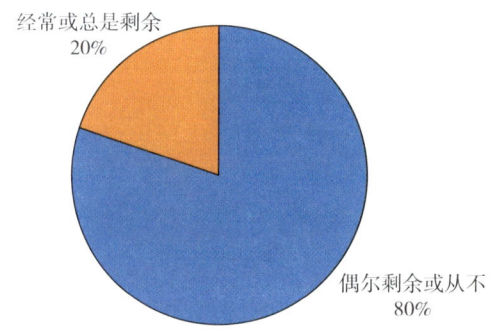

图 3.36　不同日常剩余食物频率的比例

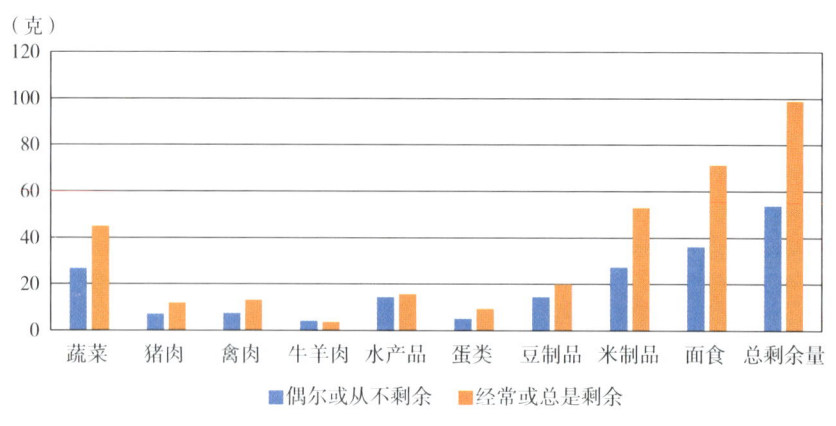

图 3.37　不同日常就餐剩余情况的浪费量对比

3 全国范围高校食堂食物浪费分析

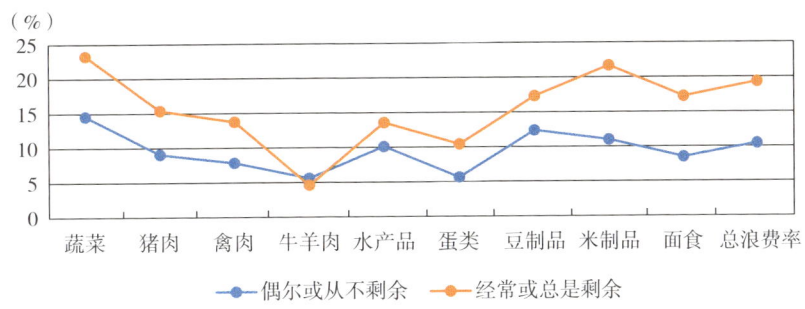

图 3.38 不同日常就餐剩余情况的浪费率对比

3.15 时间分析：午、晚餐的对比

本次调查的午餐样本数 5237 份、晚餐样本数 4333 份（见图 3.39）。午餐和晚餐的浪费情况基本一致。午餐总浪费量要高于晚餐，而晚餐浪费率则更高，被调查者在午间就餐的时候购买的食物重量略高于晚餐。两大主食米制品和面食的晚餐浪费量均低于午餐。蔬菜、猪肉和豆制品的午餐浪费量要高于晚餐，其他食材包括禽肉、牛羊肉、水产品和蛋类，午餐浪费量低于晚餐（见图 3.40）。

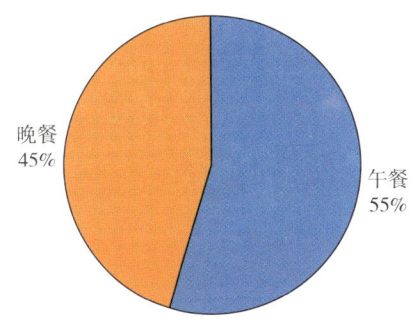

图 3.39 午、晚餐比例

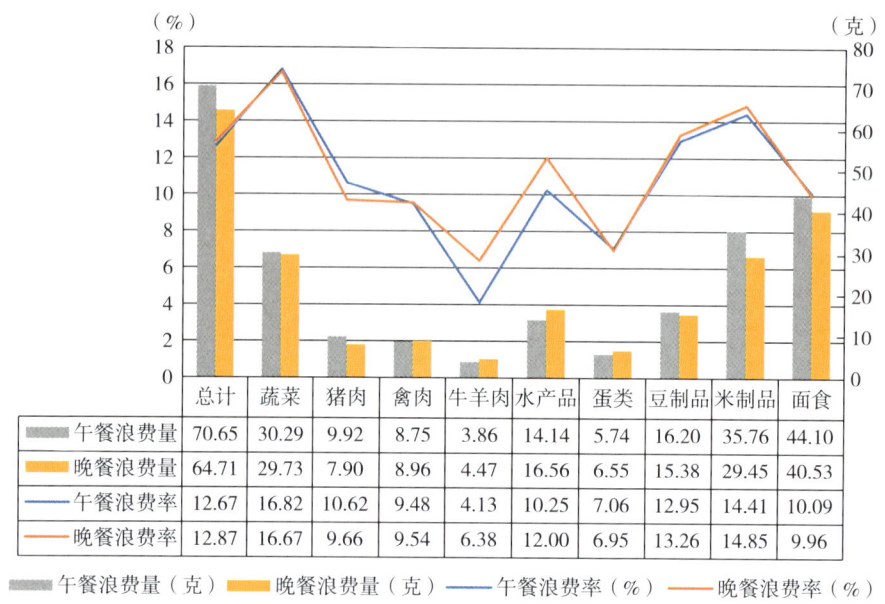

图3.40 不同用餐时间浪费情况对比

3.16 餐盘分析：合成、分装餐盘的对比

在本次调查中，合成餐盘样本数6423份、分装餐盘样本数3067份（见图3.41）。两种餐盘的浪费率差距明显。合成餐盘的总浪费率要高于分装餐盘，且蔬菜、禽肉、蛋类、豆制品以及米制品和面食两种主食的浪费率均高于分装餐盘。但猪肉、牛羊肉和水产品的合成餐盘浪费率低于分装餐盘。总体来说，使用合成餐盘造成的浪费要多于分装餐盘（见图3.42）。

3 全国范围高校食堂食物浪费分析

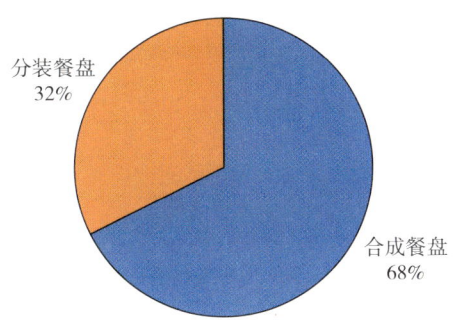

图 3.41 不同餐盘比例

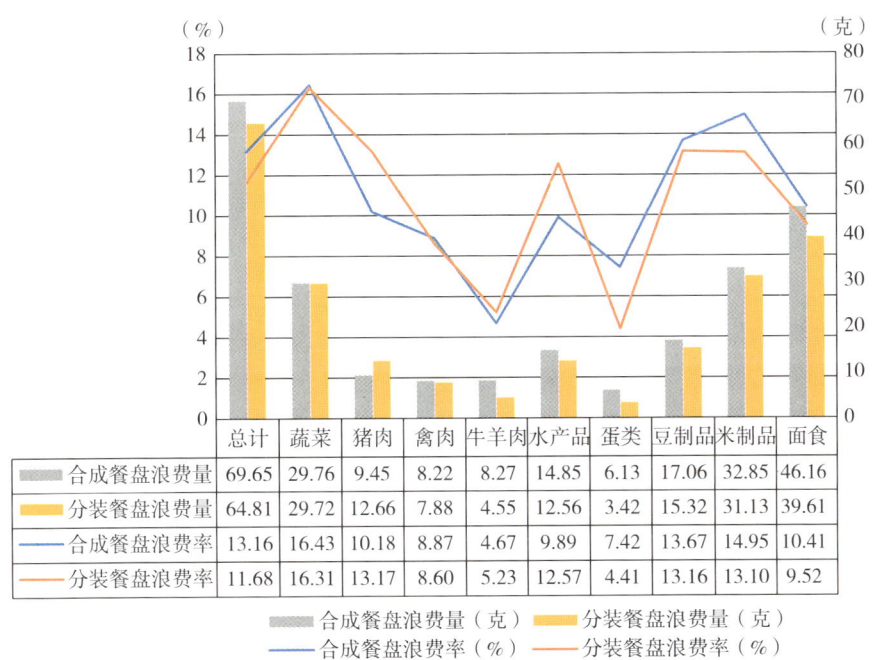

图 3.42 不同餐盘浪费情况对比

3.17 不同饭菜口味满意度的对比

课题组将被调查者对于饭菜口味的打分分为满意、一般和不满

· 41 ·

意三组，三组满意度的样本数分别为4311份、3905份和528份（见图3.43）。经统计分析后发现，除了牛羊肉、水产品两种食材差异不明显之外，其他食材浪费量及总浪费量中，满意度程度越低的被调查者浪费量越高，这与理论预期相符。浪费率情况与此相似，除了水产品之外，其他食材的浪费率均与被调查者对口味的满意度呈负相关，满意度越高，浪费率越低（见图3.44和图3.45）。

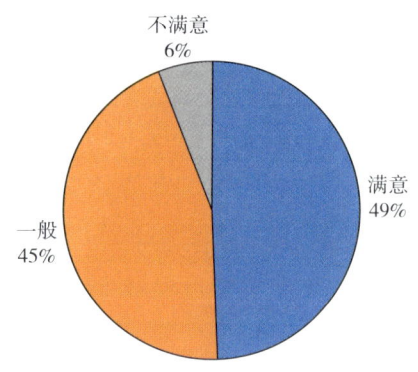

图3.43　饭菜口味不同满意程度比例

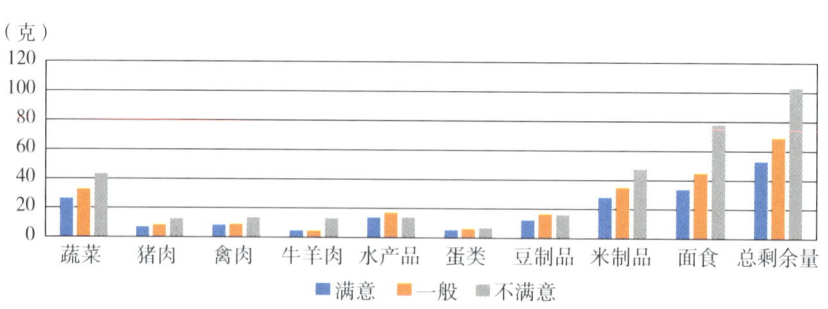

图3.44　不同饭菜口味满意度的浪费量对比

3 全国范围高校食堂食物浪费分析

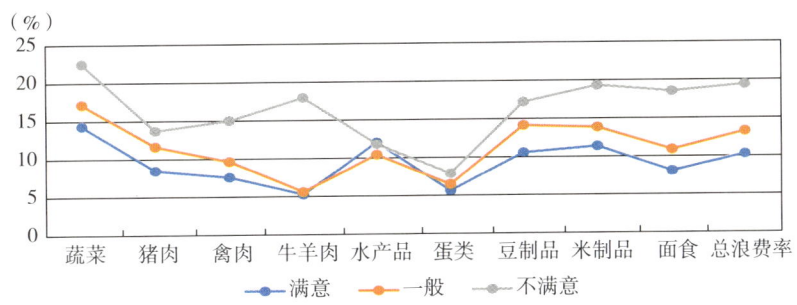

图 3.45　不同饭菜口味满意度的浪费率对比

3.18　不同就餐环境卫生满意度的对比

课题组对卫生情况满意度分为满意、一般和不满意的样本数分别为 5293 份、3257 份和 193 份（见图 3.46）。被调查者对食堂卫生满意度同样影响着浪费情况，表现为被调查者的满意度越高，相应的食物浪费越少。具体品种方面，除了牛羊肉、蛋类、豆制品和面食之外的所有食材浪费量以及总浪费量均与满意度负相关。表现为满意度越低，相应的浪费量越大。从浪费比例来看，只有牛羊肉、水

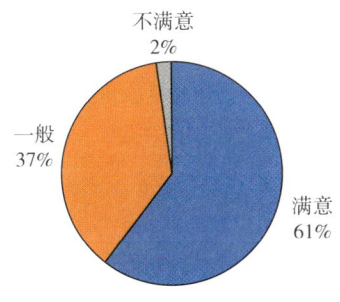

图 3.46　卫生情况不同满意程度比例

产品和蛋类三种食材除外，其他食材的浪费率随着对食堂卫生满意度的下降而上升，这与预期相符（见图 3.47 和图 3.48）。

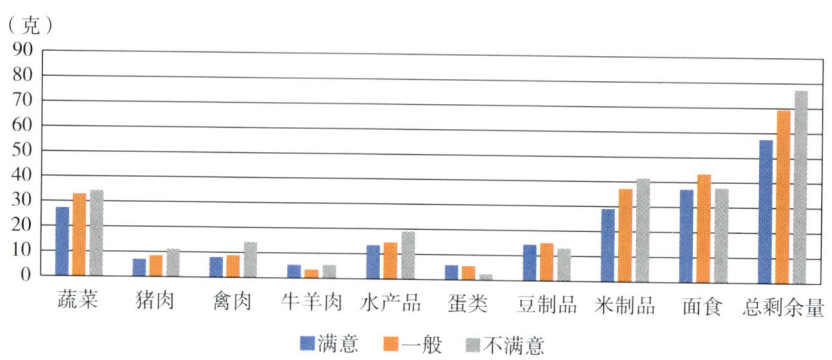

图 3.47　不同就餐环境卫生满意度的浪费量对比

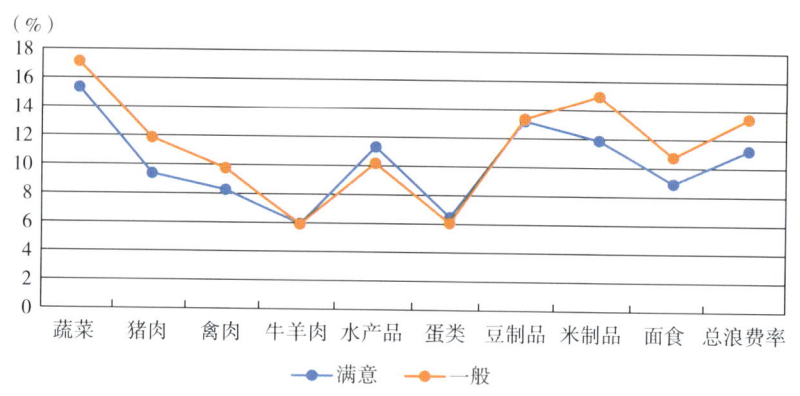

图 3.48　不同就餐环境卫生满意度的浪费率对比

3.19　不同饭菜品相满意度的对比

在本次调查中，对饭菜品相满意度为满意、一般和不满意的样本数分别为4014份、4256份和473份（见图3.49）。对饭菜品相满意度可能会影响被调查者的食欲，进而影响食物浪费情况。对饭菜满意度的调查中发现，大部分食材的浪费量随着对饭菜品相满意度的上升而下降，唯一的特例是牛羊肉。对饭菜品相不满意的被调查者所有食材浪费率及总浪费率均高于其他被调查者，且其中蔬菜、猪肉、禽肉、水产品、豆制品、米制品、面食和总浪费率均随着对饭菜品相满意度的上升而下降（见图3.50和图3.51）。

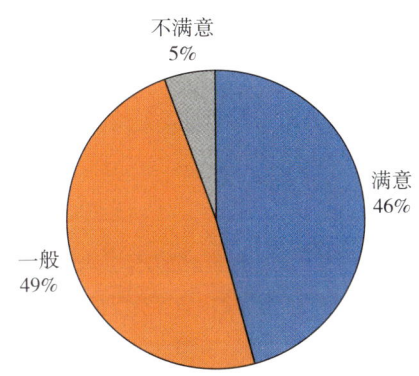

图3.49　饭菜品相不同满意程度比例

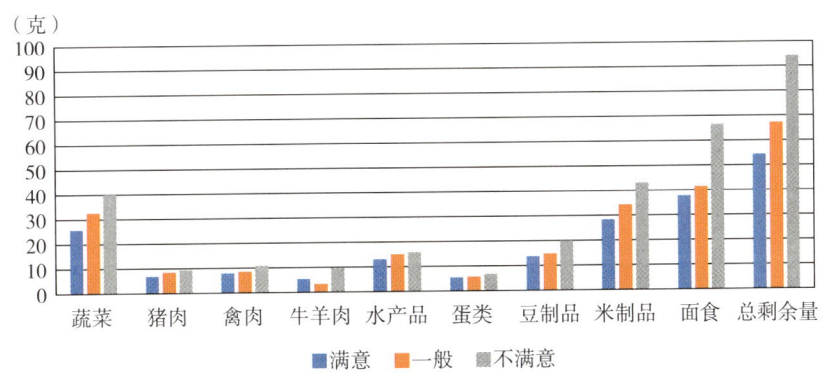

图3.50　不同饭菜品相满意度的浪费量对比

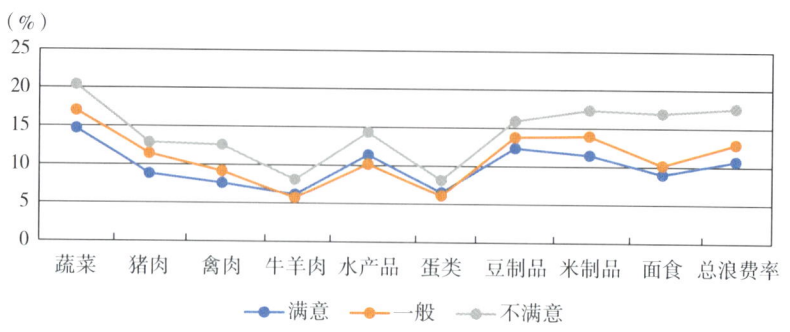

图 3.51 不同饭菜品相满意度的浪费率对比

3.20 是否有人陪同就餐的对比

在本次调查中，独自就餐 3385 人次，多人就餐 5933 人次（见图 3.52）。就餐人数对高校食堂食物浪费情况影响明显。将本次调查的问卷分为独自就餐和多人就餐两组，多人就餐组，除蛋类之外，所有食材浪费量和总浪费量均高于独自就餐组。表现为就餐人数越

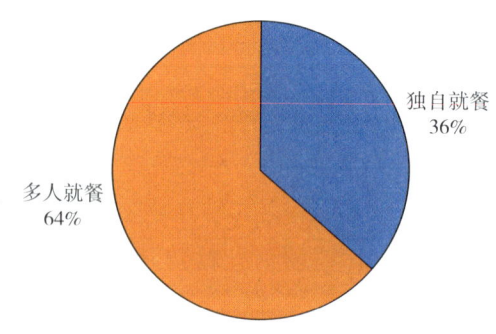

图 3.52 是否有人陪同就餐比例

多，浪费越严重。浪费率情况与浪费量接近，除了蛋类的浪费率中独自就餐组高于多人就餐组之外，其他食材的浪费率及总浪费率均低于对方，且牛羊肉、水产品、豆制品和米制品浪费率均低于对方超过2个百分点，差异较为明显（见图3.53和图3.54）。

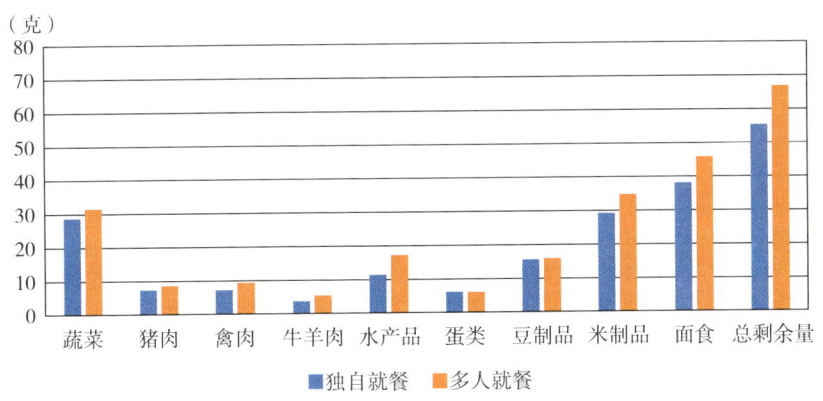

图3.53 是否有人陪同就餐浪费量对比

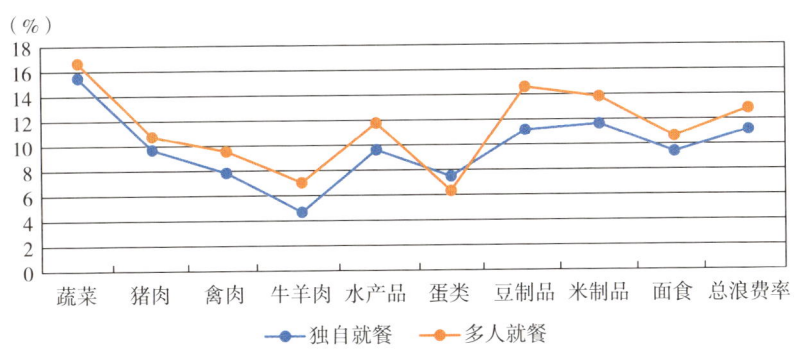

图3.54 是否有人陪同就餐浪费率对比

4

东、中、西、东北地区对比分析

4 东、中、西、东北地区对比分析

参考已有文献,依据我国地理区域划分和经济发达程度差异,将北京、天津、河北、上海、江苏、浙江、福建、山东、广东、海南 10 个省区市划分为东部地区,山西、安徽、江西、河南、湖北、湖南 6 个省区市划分为中部地区,广西、重庆、四川、贵州、云南、陕西、宁夏、新疆、甘肃、青海、内蒙古 11 个省区市划分为西部地区,辽宁、吉林、黑龙江 3 个省区市划分为东北地区。

4.1 总体分析

从浪费量上看,东部地区在蔬菜、猪肉、蛋类、豆制品和面食中浪费量均高于其他三个地区,而西部地区在蔬菜、猪肉、牛羊肉和面食中的浪费量处于四个地区最低水平,可见地区经济发展水平对浪费量有很大影响。随着近年来中部地区经济水平的不断提高,该地区禽肉、水产品、米制品和总剩余量已经处于四个地区中最高水平,其中由于米制品浪费量远远高出其他三个地区,中部地区高校食堂人均每餐总浪费量超过了东部地区,位于最高的水平,可见减少米制品浪费量可以有效地降低中部地区高校食堂食物浪费量水平。东北地区较为特殊的情况是米制品浪费量远远低于其他三个地区，该地区高校食堂人均每餐米制品浪费量为 10.50 克，仅为中部地区的 34.18%（见图 4.1）。

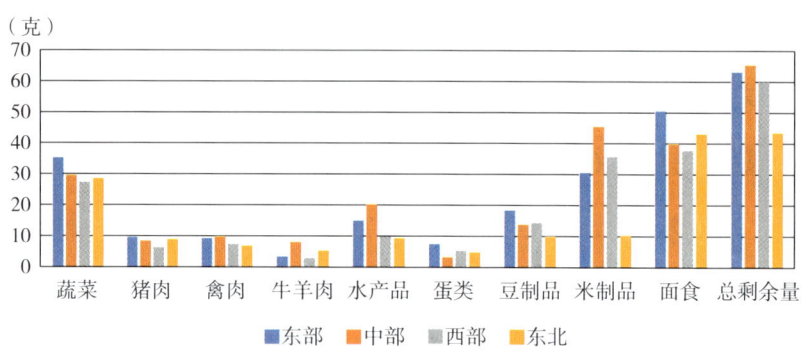

图 4.1　东、中、西、东北地区浪费量对比

从浪费率来看，与浪费量情况相似的是，东部和中部两个地区的绝大部分食材浪费率处于较高水平。东部地区的蔬菜、豆制品和总浪费率高于其他三个地区，中部地区的猪肉、禽肉、水产品和米制品浪费率为四个地区中最高。东北地区的食材浪费率较低，该地区蔬菜、猪肉、禽肉、水产品、蛋类、米制品和总浪费率是四大区域中最低的水平。米制品浪费率与浪费量情况相同，东北地区 5.47% 的浪费率比浪费率最高的中部地区低了 11.2 个百分点；牛羊肉情况较为特殊，东北地区浪费率处于四个地区中的最高水平（见图 4.2）。

4 东、中、西、东北地区对比分析

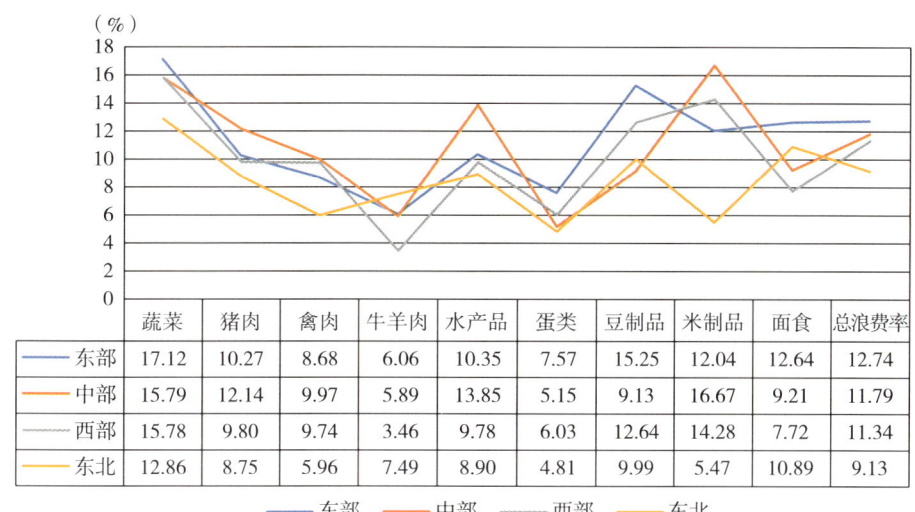

图 4.2 东、中、西、东北地区浪费率对比

4.2 不同性别的对比

男生的食材浪费量情况与地区经济发展水平呈正相关关系，蔬菜、猪肉、禽肉和面食浪费量均出现东部高于中部，中部高于西部的情况。东北地区在蔬菜、禽肉、水产品、豆制品、米制品的浪费量和总剩余量方面均处于最低水平，相反的是面食浪费量处于四个地区中的最高水平。中部地区在水产品和米制品浪费量以及总剩余量中高于其他三个地区。从浪费率角度来看，东部和中部两个地区属于浪费率较高的两个地区，东部地区在蔬菜、蛋类、豆制品和总

浪费率中最高，中部地区在猪肉、水产品和米制品中浪费率最高。西部地区在牛羊肉、水产品和面食中浪费率最低，东北地区则在蔬菜、猪肉、禽肉、豆制品、米制品浪费率和总浪费率中最低，属于浪费水平较低的地区（见图4.3和图4.4）。

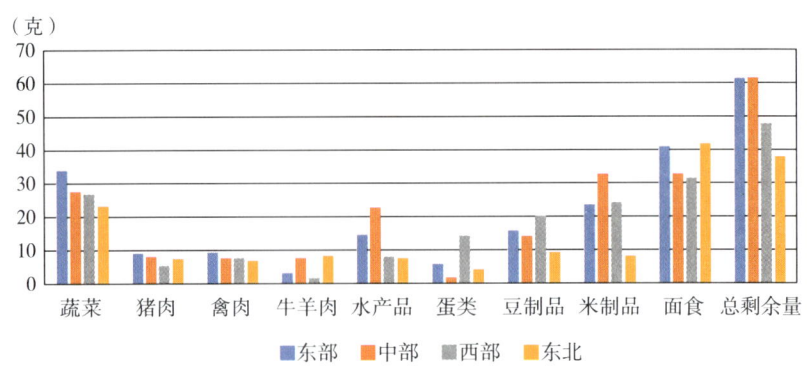

图4.3　东、中、西、东北地区男生浪费量对比

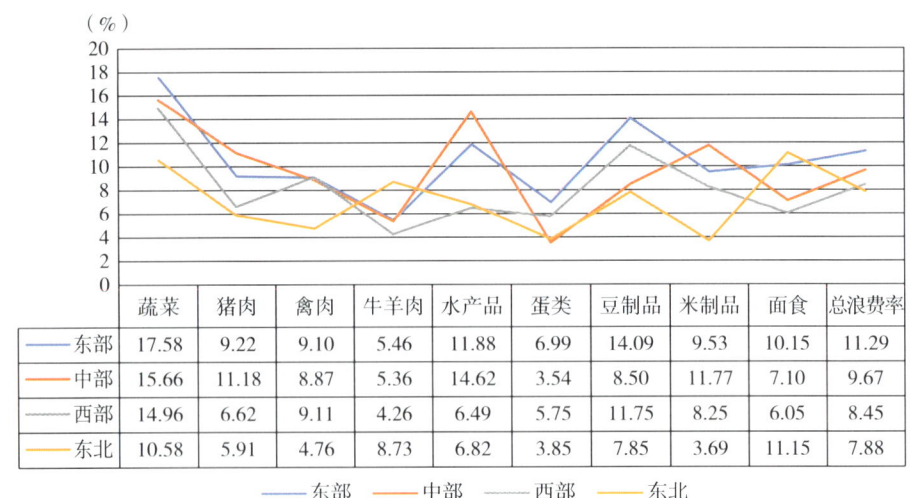

	蔬菜	猪肉	禽肉	牛羊肉	水产品	蛋类	豆制品	米制品	面食	总浪费率
东部	17.58	9.22	9.10	5.46	11.88	6.99	14.09	9.53	10.15	11.29
中部	15.66	11.18	8.87	5.36	14.62	3.54	8.50	11.77	7.10	9.67
西部	14.96	6.62	9.11	4.26	6.49	5.75	11.75	8.25	6.05	8.45
东北	10.58	5.91	4.76	8.73	6.82	3.85	7.85	3.69	11.15	7.88

图4.4　东、中、西、东北地区男生浪费率对比

4 东、中、西、东北地区对比分析

女生在浪费量水平方面，依然是东部地区在大部分食材中浪费更多，其中包括蔬菜、禽肉、豆制品、面食和总浪费量。中、西部及东北三个地区在猪肉、蛋类和面食浪费量水平相近，其中三地区面食浪费量远远低于东部地区，与饮食相关，东部地区主食以米制品为主，相应面食浪费量更多一点。从浪费率来看，西部地区女生浪费率在多个食材中处于较高水平，其中水产品、米制品和总浪费率处于最高水平，而蔬菜、猪肉和豆制品浪费率也处于第二高水平。而东部地区依然处于较高水平，该地区在蔬菜、蛋类、豆制品和面食浪费率中处于最高水平。东北地区在蔬菜、禽肉、蛋类、米制品和总浪费率中处于最低水平，浪费情况好于其他三个地区（见图4.5和图4.6）。

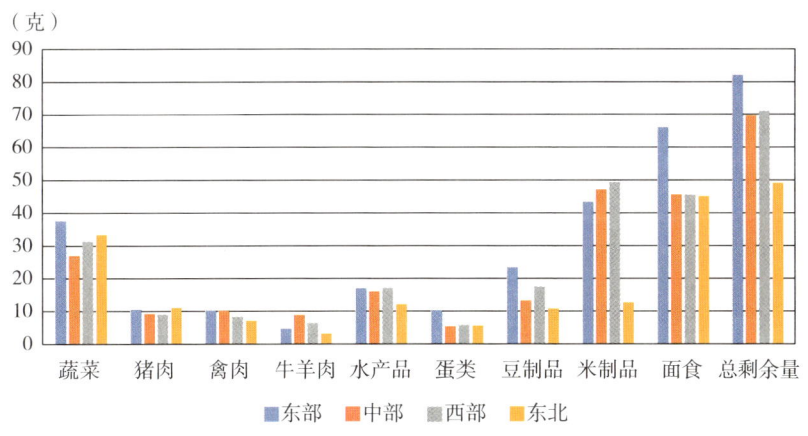

图 4.5 东、中、西、东北地区女生浪费量对比

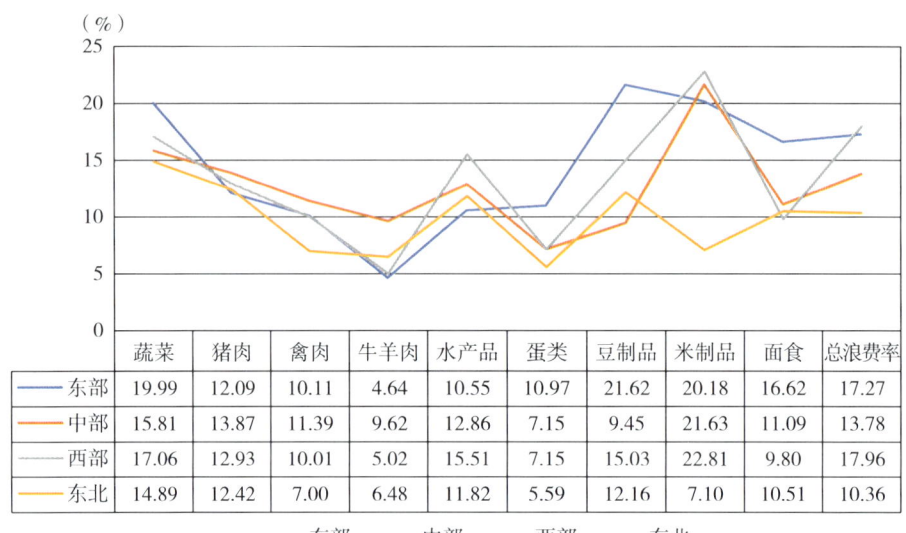

图 4.6　东、中、西、东北地区女生浪费率对比

4.3　不同用餐日期的对比：周末与工作日

在工作日浪费量情况中，东部地区蔬菜、禽肉、蛋类、面食浪费量和总剩余量高于其他三个地区。中部地区则在猪肉、水产品和米制品的浪费量方面高于其他三个地区，西部地区在肉类和面食中均处于较低水平，而该地区在豆制品和米制品中浪费量较高。东北地区米制品浪费量远远低于其他三个地区，由此造成该地区总浪费量水平也处于最低水平，但东北地区的蔬菜和猪肉的浪费量水平较高（见图4.7）。

在周末浪费情况对比中，各种食材的差异较大，猪肉、蛋类中东部地区最高；禽肉、水产品、豆制品、面食浪费量和总剩余量属中部最高；蔬菜、米制品浪费量中西部地区高于其他三个地区；虽然东北

4 东、中、西、东北地区对比分析

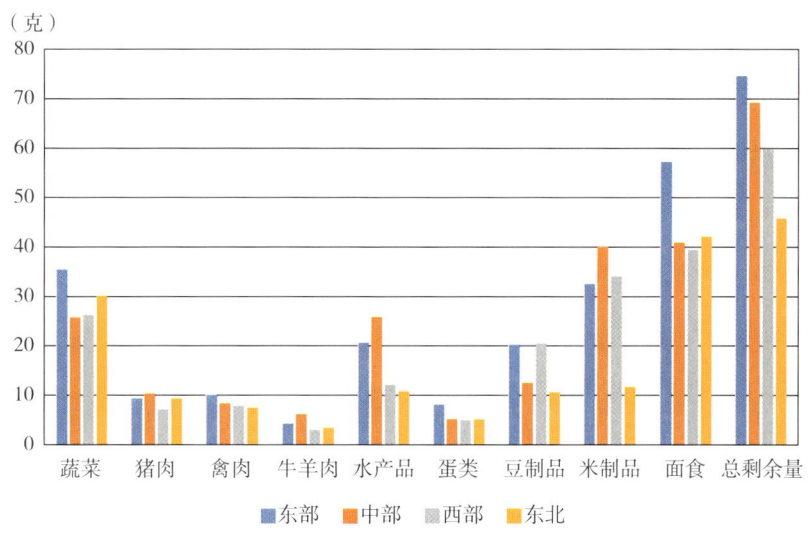

图 4.7 东、中、西、东北地区工作日浪费量对比

地区牛羊肉浪费量高于其他三个地区处于较高水平，但可能与该地区周末牛羊肉样本量较少有关，除此之外，东北地区的蔬菜、禽肉、水产品、豆制品、米制品的浪费量和总剩余量均低于其他三个地区（见图 4.8）。

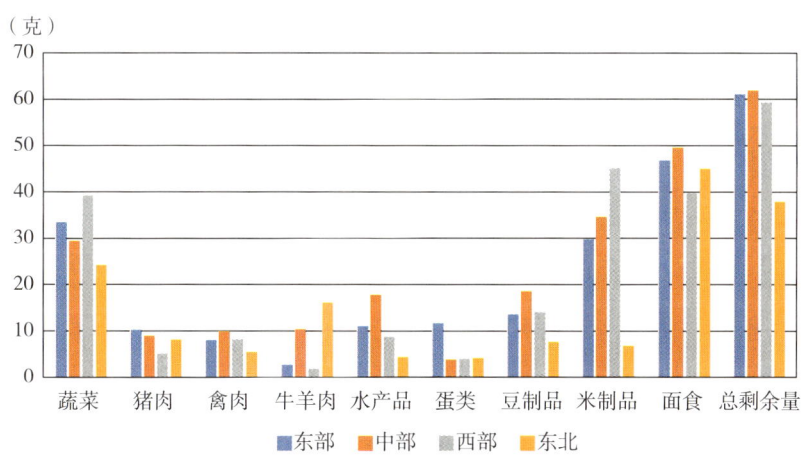

图 4.8 东、中、西、东北地区周末浪费量对比

4.4 不同家庭来源的对比:农村与非农村

东部地区来自农村的被调查者偏向于浪费更多的蔬菜、猪肉、豆制品,且总浪费量也要高于来自非农村家庭的被调查者。而其他食材方面,则是来自非农村家庭的被调查者浪费更多,不过东部地区来自农村与非农村家庭的被调查者浪费量差异较小。中部地区,来自农村家庭的被调查者浪费更为严重,该群体的蔬菜、猪肉、牛羊肉、水产品、蛋类、豆制品、米制品、面食及总浪费量均高于来自非农村的家庭,且其中蔬菜、豆制品浪费量远高于来自非农村家庭的被调查者。西部地区,来自农村家庭的被调查者浪费情况较来自非农村家庭的被调查者浪费情况要更乐观,只在猪肉、牛羊肉中略高于来自非农村家庭的被调查者,其他食材浪费量均低于对方,农村与非农村家庭差异明显。东北地区与西部地区情况较为相似,该地区仅在蛋类、豆制品和面食中出现来自农村家庭的被调查者浪费量高于来自非农村家庭的被调查者,农村与非农村差异同样显著(见图4.9和图4.10)。

4 东、中、西、东北地区对比分析

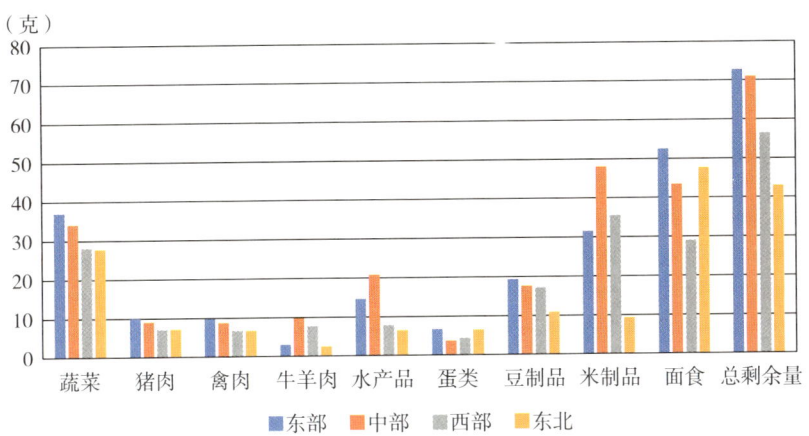

图 4.9 东、中、西、东北地区农村浪费量对比

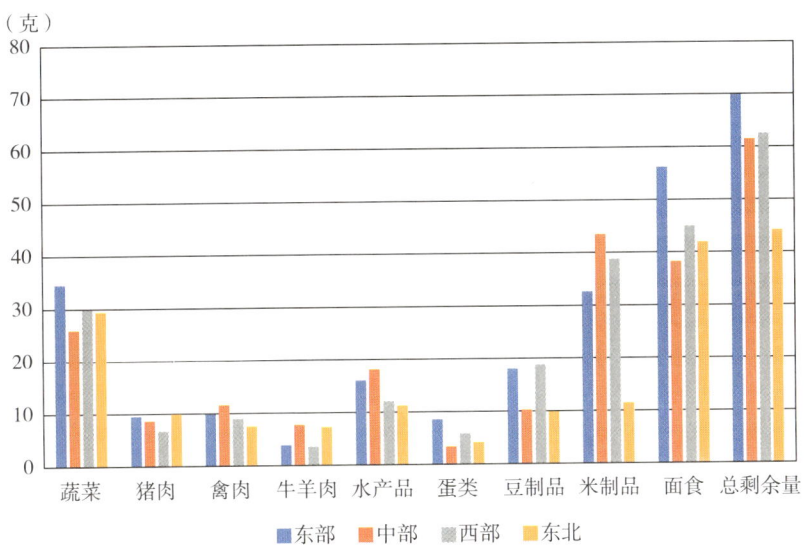

图 4.10 东、中、西、东北地区非农村浪费量对比

4.5 不同教育水平的对比

东部地区的蔬菜、牛羊肉、豆制品、米制品、面食浪费量随着受

教育水平年限的增加，浪费量相应减少。除此之外，猪肉浪费量也是本科生高于硕士生，而水产品、蛋类则与受教育年限成正比。中部地区的牛羊肉、豆制品浪费量与受教育年限成反比，猪肉和面食同样是本科生浪费量高于硕士生浪费量，中部地区硕士生两大主食浪费量差异明显，该群体米制品浪费量远高于本科生和博士生，而面食浪费量远低于本科生和博士生（见图4.11和图4.12）。

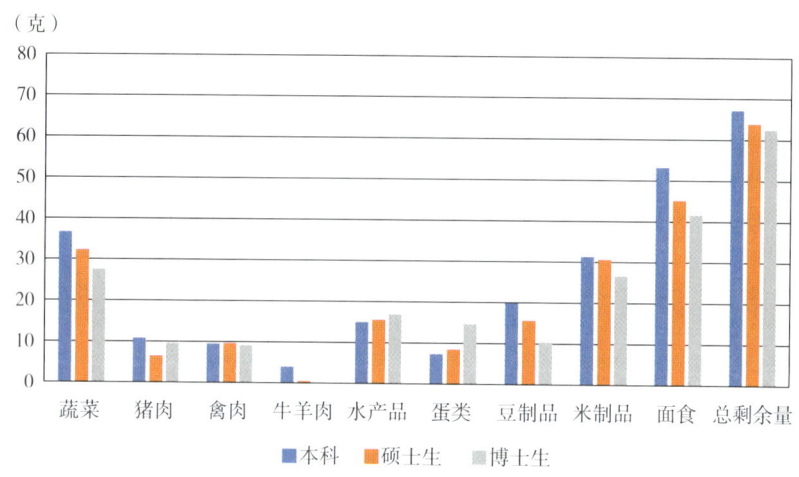

图4.11　东部地区不同学历浪费量对比

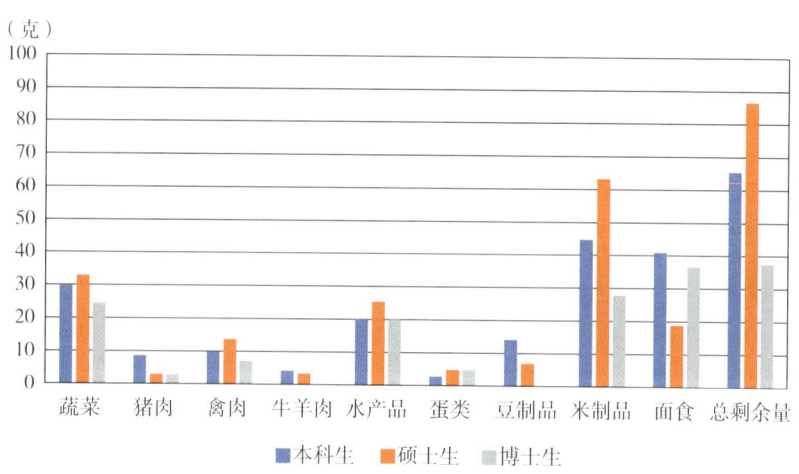

图4.12　中部地区不同学历浪费量对比

4 东、中、西、东北地区对比分析

西部地区的本科生与硕士生浪费量规律明显，本科生在蔬菜、猪肉、牛羊肉、蛋类、豆制品浪费量中均高于硕士生，两大主食则均是硕士生高于本科生，本科生高于博士生。东北地区则是本科生浪费较少，蔬菜、猪肉、水产品、米制品均浪费少于研究生。其中由于博士生样本量较少，本科生在禽肉、牛羊肉和蛋类中也远低于硕士生（见图4.13和图4.14）。

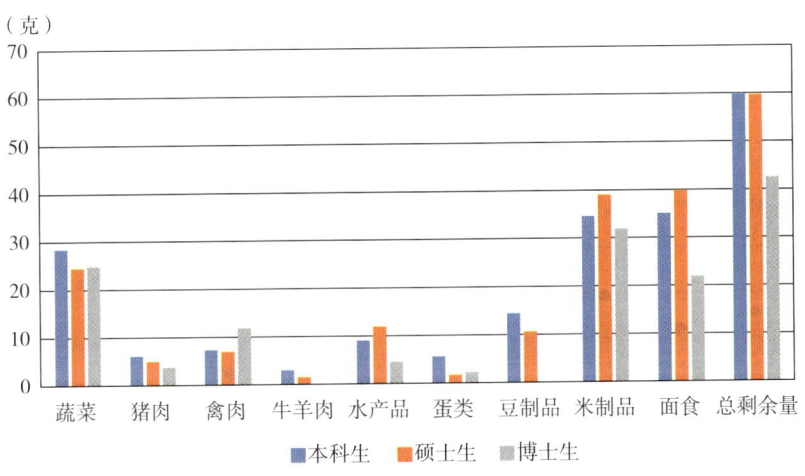

图4.13 西部地区不同学历浪费量对比

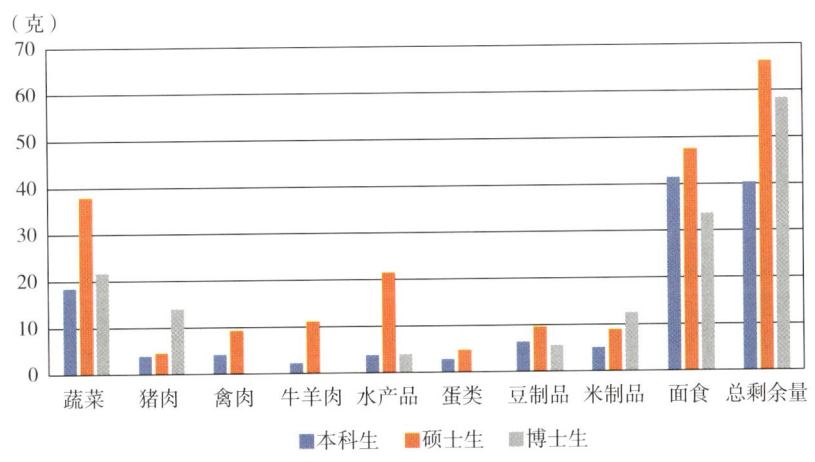

图4.14 东北地区不同学历浪费量对比

4.6 是否为独生子女的对比

总体来说,东部地区独生子女浪费量小于非独生子女,该地区独生子女总浪费量62克,低于非独生子女的65.55克,这与社会上担心独生子女浪费更多的情况恰恰相反(见图4.15)。从各类食材来看,独生子女仅在猪肉、牛羊肉和豆制品中浪费量略高于非独生子女,而在其他食材中绝大部分低于对方(其中蛋类浪费量两者相同)。中部地区的独生子女偏向于浪费更多的肉类和水产品,而非独生子女则浪费更多的蔬菜、蛋类、豆制品和主食(见图4.16)。

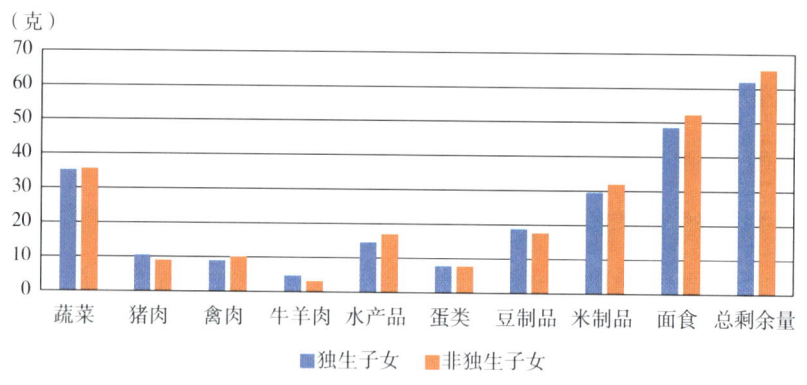

图4.15 东部地区是否为独生子女浪费量对比

西部地区的独生子女浪费更多的是主食及肉类,水产品和豆制品浪费量也高于非独生子女,非独生子女偏向于浪费更多的蔬菜和蛋类，总体浪费情况较独生子女更为乐观（见图4.17）。东北地区的两个群体表现出相近的浪费情况，两类群体的总浪费量仅相差0.7克，独生子女略高。各类食材中浪费量互有高低，差异不明显（见图4.18）。

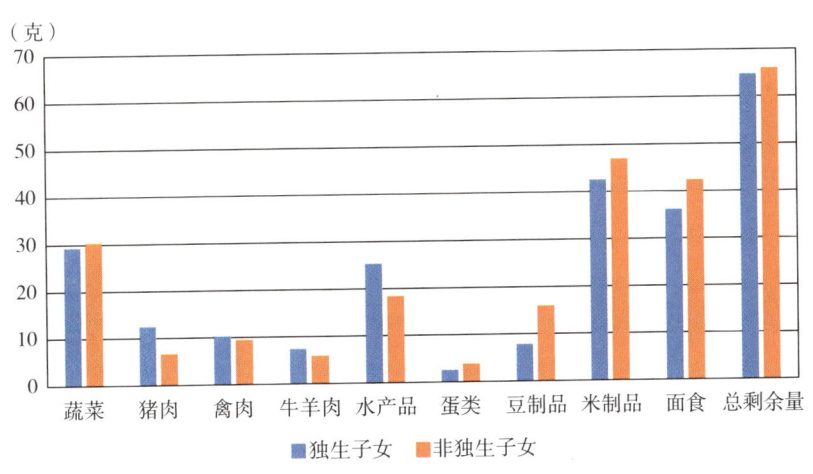

图4.16 中部地区是否为独生子女浪费量对比

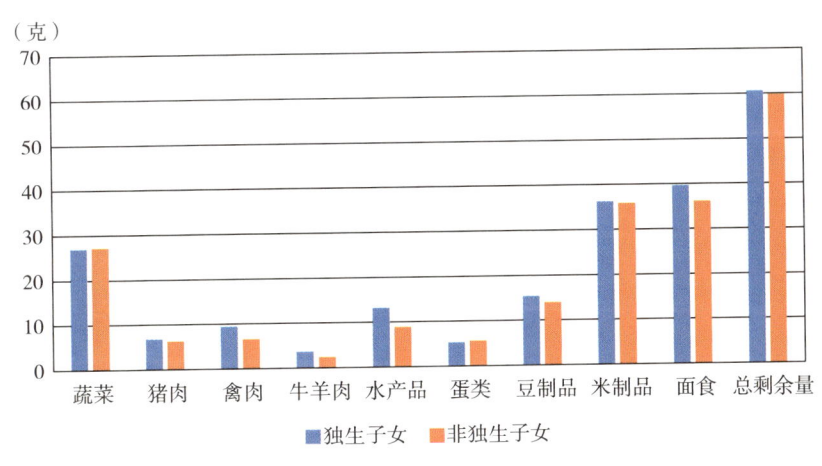

图4.17 西部地区是否为独生子女浪费量对比

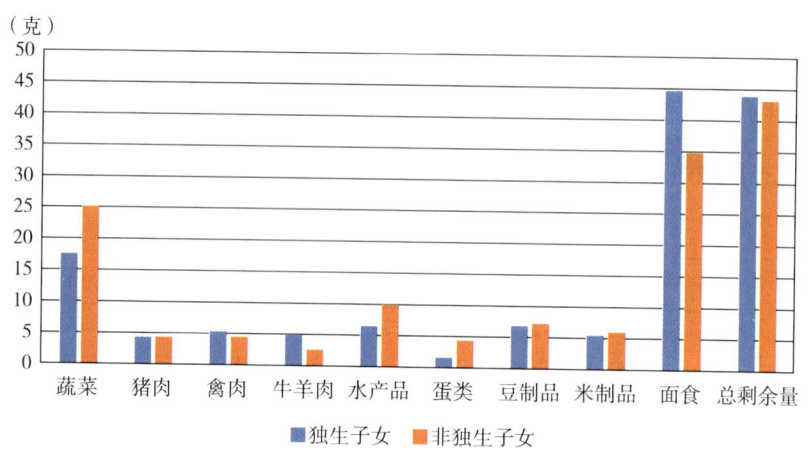

图 4.18 东北地区是否为独生子女浪费量对比

4.7 来自不同家庭规模的对比

东部地区的浪费情况与所在家庭规模大小有一定的关系,水产品、蛋类、米制品及总浪费量均随着所在家庭规模的增大而升高,而面食浪费量则与所在家庭规模大小成反比(见图4.19)。中部地区,仅有蔬菜这一种食材的浪费量随着所在家庭规模的增大而升高。相反的是,猪肉、禽肉则与家庭规模成反比(见图4.20)。

西部地区的总剩余量也与家庭规模呈正相关关系,在具体品种方面,猪肉、蛋类、豆制品和米制品的浪费情况与所在家庭规模成正比,而禽肉、牛羊肉浪费量则与所在家庭规模成反比(见图4.21)。东北地区中的蔬菜、猪肉、牛羊肉、米制品和面食与所在家庭规模大小相关,其中蔬菜和米制品呈正相关、猪肉和面食呈负相关(见图4.22)。

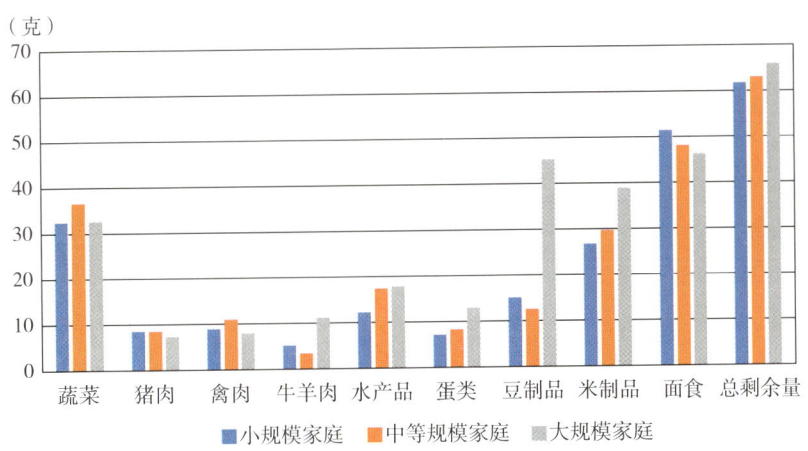

图4.19 东部地区不同家庭规模浪费量对比

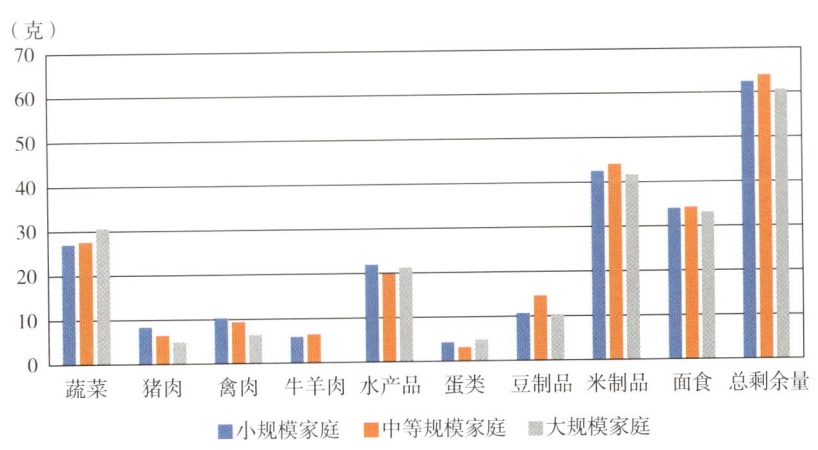

图4.20 中部地区不同家庭规模浪费量对比

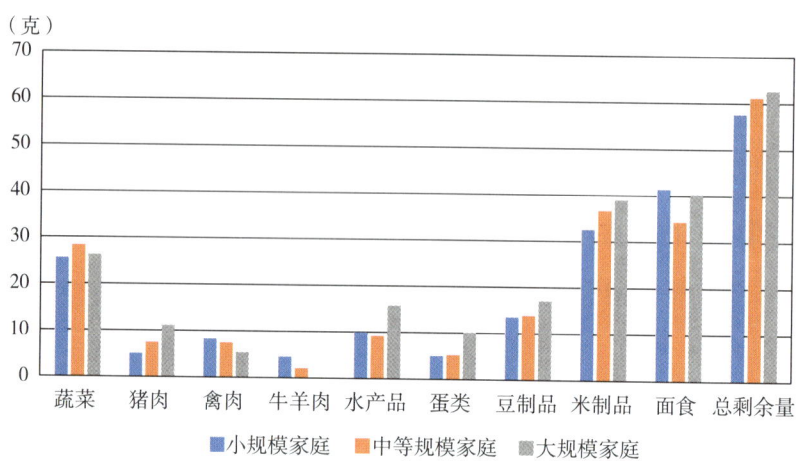

图 4.21　西部地区不同家庭规模浪费量对比

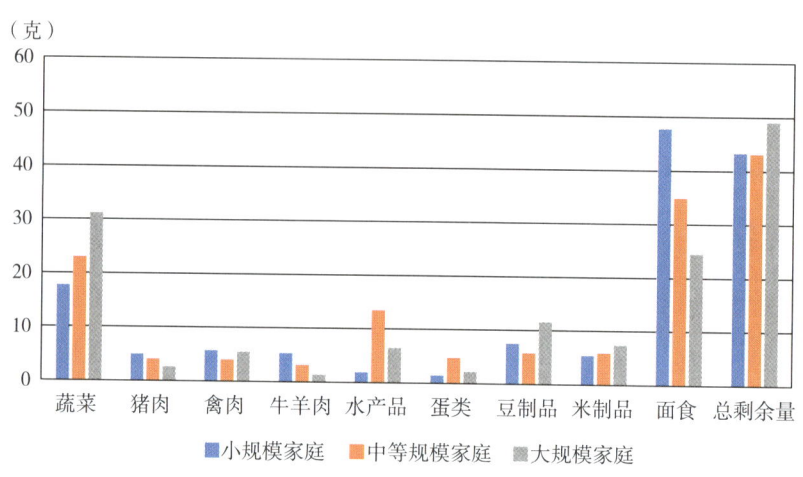

图 4.22　东北地区不同家庭规模浪费量对比

4.8　不同家庭月收入水平的对比

东部和中部两个地区的浪费量与所在家庭月收入水平关系不明

显,其中东部地区牛羊肉浪费量与家庭月收入水平成反比,而面食浪费量或总剩余量与其成正比;中部地区豆制品浪费量与所在家庭月收入水平成正比(见图4.23和图4.24)。

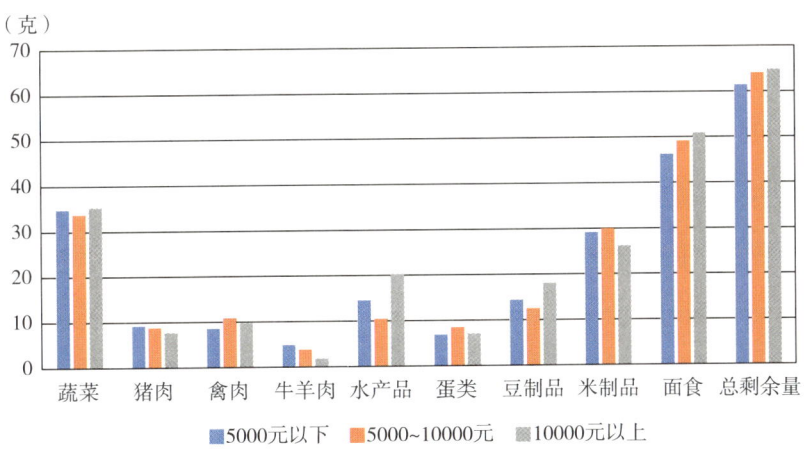

图 4.23　东部地区不同家庭月收入水平浪费量对比

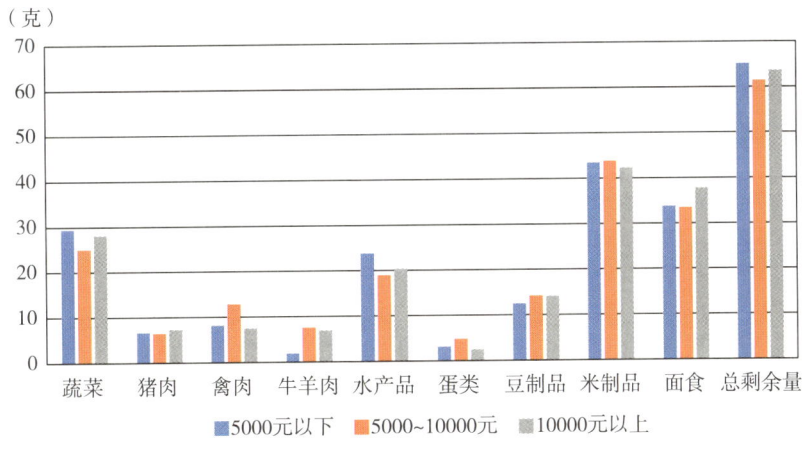

图 4.24　中部地区不同家庭月收入水平浪费量对比

西部地区和东北地区的浪费情况与所在家庭月收入水平相关。西部地区,所在家庭月收入水平越高的,禽肉、豆制品、米制品浪费量和总浪费量越高,牛羊肉反之。东北地区与所在家庭月收入水平成反比的是蔬菜、蛋类,成正比的是猪肉和总浪费量(见图4.25和图4.26)。

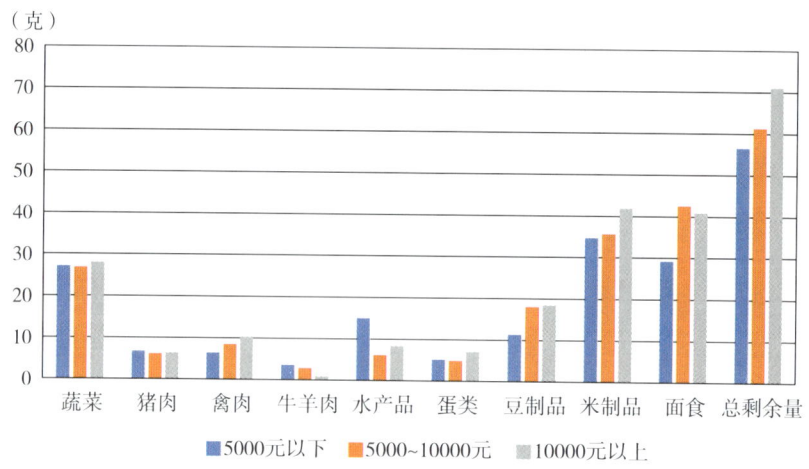

图4.25 西部地区不同家庭月收入水平浪费量对比

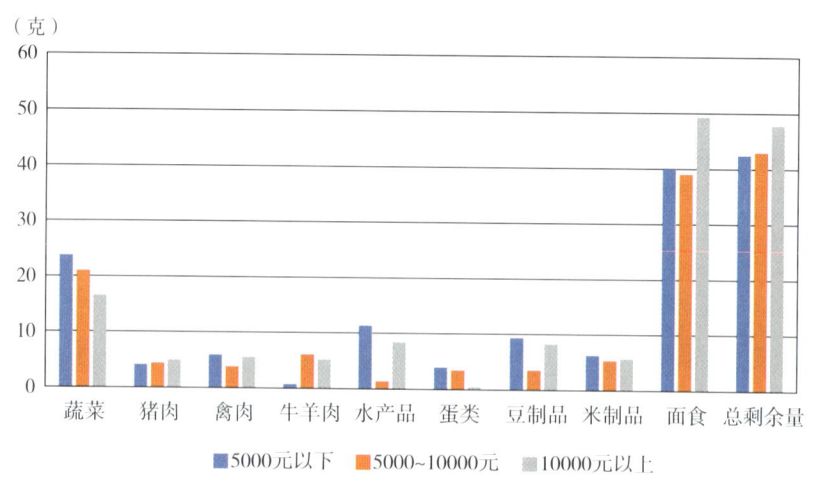

图4.26 东北地区不同家庭月收入水平浪费量对比

4 东、中、西、东北地区对比分析

4.9 不同月支出水平的对比

东部地区和东北地区的浪费情况与个人月支出水平关系不大，东部地区的水产品浪费量随着月支出水平的上升而下降，豆制品和米制品浪费量则随着月支出水平的上升而升高。东北地区的豆制品浪费量与月支出水平呈负相关、面食浪费量和总浪费量与月支出水平呈正相关（见图 4.27 和图 4.28）。

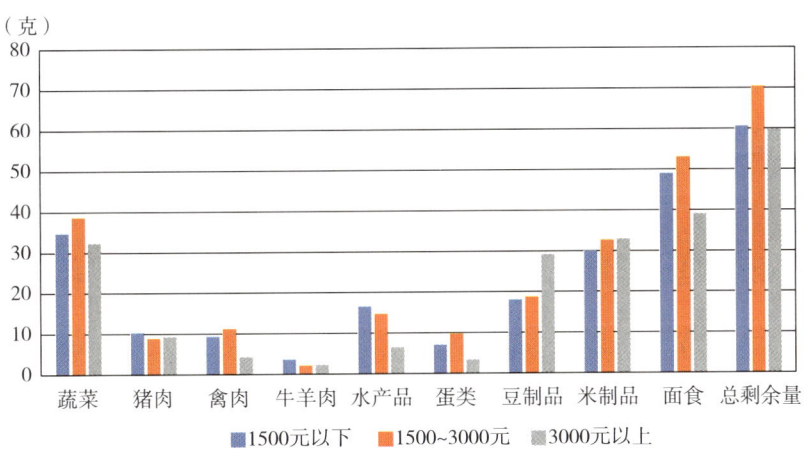

图 4.27　东部地区不同月支出水平浪费量对比

中部地区和西部地区的浪费情况与个人月支出水平关系明显，中部地区的蔬菜、水产品、豆制品和面食浪费量与个人月支出水平呈负相关，米制品情况相反。西部地区的蔬菜、猪肉、水产品、米制品和总浪费量与个人月支出水平呈正相关,而牛羊肉呈负相关(见图4.29和图4.30)。

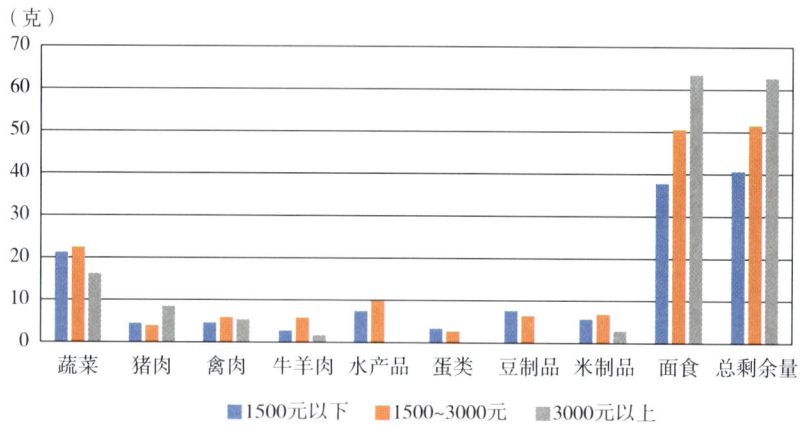

图4.28 东北地区不同月支出水平浪费量对比

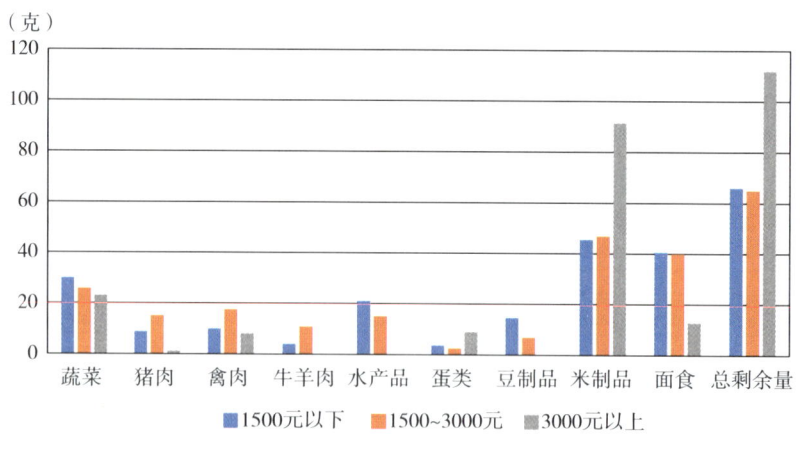

图4.29 中部地区不同月支出水平浪费量对比

4 东、中、西、东北地区对比分析

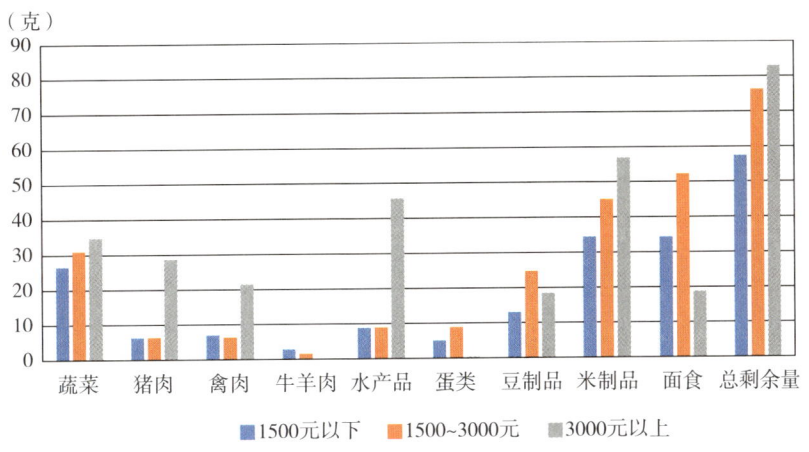

图 4.30 西部地区不同月支出水平浪费量对比

4.10 是否有宗教信仰的对比

是否有宗教信仰对东部地区和中部地区影响较大，但两个地区情况相反。东部地区，除了牛羊肉、蛋类、豆制品和面食之外，其他食材的浪费量中均是具有宗教信仰的被调查者更高。中部地区除了豆制品和米制品之外，其他食材的浪费量均是没有宗教信仰的被调查者更高（见图4.31）。

宗教信仰对于西部地区和东北地区的影响，因食材的不同而不同。在西部地区中，有宗教信仰的被调查者对蔬菜、禽肉、米制品牛羊肉和总浪费量的浪费量小于无宗教信仰的被调查者，其他食材浪费量均高于对方。东北地区有宗教信仰的被调查者在猪肉、禽肉、牛羊肉、豆制品、米制品和面食上的浪费量小于无宗教信仰的被调查者（见图4.32）。

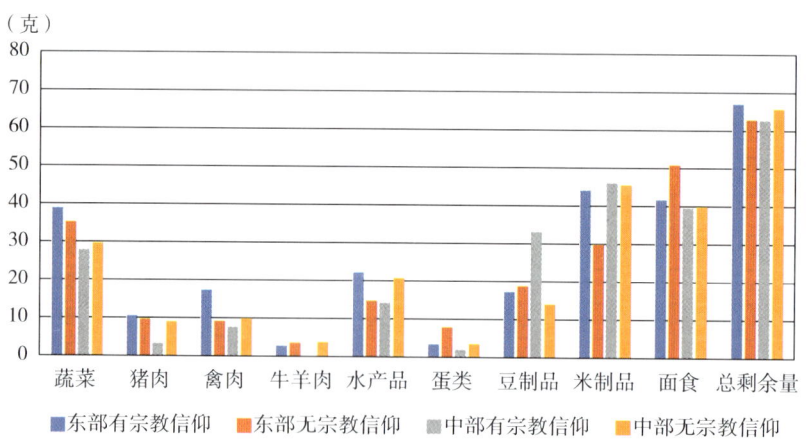

图4.31 东、中部地区是否有宗教信仰浪费量对比

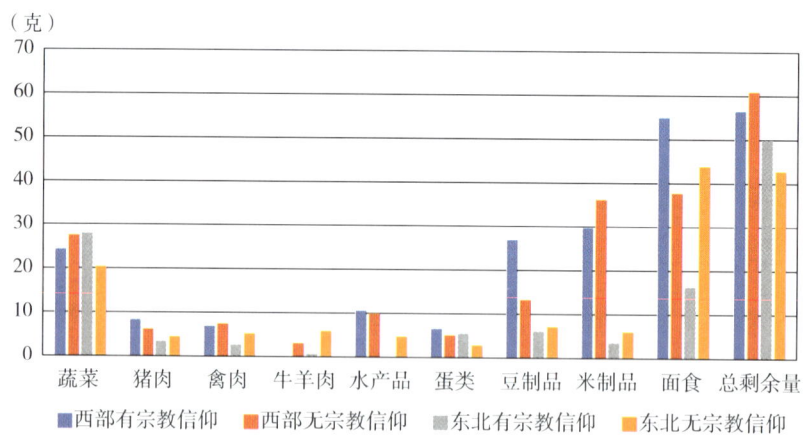

图4.32 西部及东北地区是否有宗教信仰浪费量对比

4 东、中、西、东北地区对比分析

4.11 是否接受节粮宣传的对比

对食物浪费的宣传会对实际浪费情况产生不同影响，通常来说，宣传力度越大，大学生对食物浪费的了解程度越深，产生的浪费越少，但是在某些地区的某些食物却产生了特殊情况。在浪费量方面，除了东部地区消费猪肉、水产品和蛋类，中部地区消费猪肉，西部地区消费禽肉和水产品以及东北地区消费蔬菜、禽肉、牛羊肉和面食，大学生对于"光盘行动"的了解程度越深，产生的浪费量反而越多以外，其他总体上"光盘行动"都起到了积极的正向作用；除了东部地区消费牛羊肉和水产品，中部地区消费猪肉、水产品和面食，西部地区消费牛羊肉、水产品和蛋类以及东北地区消费蔬菜和猪肉，节粮宣传的力度越大，产生的浪费量反而越多以外，其他总体上节粮宣传活动也都起到了积极的正向作用。在浪费率方面，除了东部地区消费禽肉、蛋类和豆制品，西部地区消费禽肉和水产品以及东北地区消费猪肉和禽肉以外，大学生对于"光盘行动"的了解程度会降低食物的浪费率；除了东部地区消费蔬菜和水产品，西部地区消费牛羊肉、水产品和蛋类以及东北地区消费蔬菜、猪肉和蛋类以外，节粮宣传的力度都降低了食物的浪费率。

4.12 不同日常剩余情况的对比

总体上看,平常剩余量大的人,当餐浪费量越多,浪费率也越高。在浪费量方面,除了东部地区消费水产品,西部地区和东北地区消费牛羊肉,浪费量都会随着平时剩余量的增加而增加;在浪费率方面,除了中部地区和西部地区消费牛羊肉,浪费率随着平时剩余量的增加而减少以外,其他地区的大学生消费的其他食物,产生的浪费率都和平时的浪费量呈正相关关系。

4.13 不同饭菜口味满意度的对比

饭菜口味对于浪费的影响,在不同地区有不同的表现。总体上看,随着大学生对食物口味满意程度的降低,食物的浪费量和浪费率也逐渐增加,但是在某些地区的某些品种也会出现差异。在浪费量方面,东北地区消费水产品,东部地区消费蛋类和豆制品,中等满意度的浪费量最少;而中部地区消费水产品和面食,西部地区和东北地区消费蛋类,中等满意度的浪费量反而最多。在浪费率方面,东部地区、西部地区和东北地区消费水产品,中等满意度的浪费率最低;而东北地区消费猪肉、牛羊肉、蛋类和豆制品,中部地区消

4 东、中、西、东北地区对比分析

费面食，中等满意度的浪费率反而最高。由此可见，各地区中东北地区的食物浪费情况最为特殊，这可能是由于该地区的菜品品种和居民性格影响了饭菜口味对浪费情况的作用；各类食物中水产品和蛋类的浪费情况最为特殊，这可能是由自身的烹饪特点和不同地区的饮食喜好造成的。

4.14 不同卫生情况满意度的对比

四个地区大学生产生的食物浪费，都没有受到食物卫生情况的显著影响。随着学生给食物打分的降低，食物的浪费量和浪费率并不是单纯地增加，而是在不同种类的食物中呈现出不同的变化情况。总体来说，东部地区和西部地区消费米制品和面制品，对食物卫生的评价越低，浪费情况越严重；中部地区对食物卫生的评价中等的浪费最多；除牛羊肉和蛋类以外，东北地区对食物卫生的评价最低的浪费最多。这可能是因为东部地区和西部地区的大学生对不同食物的卫生要求容忍度不同，而东北地区的大学生对食物卫生要求更加严格，所以造成卫生情况并没有和每个地区消费每种食物产生的浪费形成明显的反向关系。

4.15　不同饭菜品相满意度的对比

食物品相好坏对食物浪费的影响，在东部地区和西部地区表现较为明显，大学生对食物的品相评价越低，浪费情况越严重，而对中部地区和东北地区的影响则并不大。但是在东部地区和西部地区也存在一些特殊情况，在浪费量方面，东部地区消费蛋类、豆制品和面食，对食物的品相评价中等的浪费量最少，而西部地区消费猪肉和蛋类，对食物的品相评价中等的浪费量最多；在浪费率方面，东部地区和西部地区消费水产品，对食物的品相评价中等的浪费率最低。这表明东部和西部地区的大学生更加看重食物的品相，影响了他们就餐的意愿，从而影响浪费程度，而中部地区和东北地区的大学生偏好其他方面，并不会因食物外观的好看与否而改变自己的浪费情况。

4.16　是否有人陪同就餐的对比

总体上说，相比自己一个人就餐，多人一起就餐产生的食物浪费更多。在浪费量方面，除了中部地区消费牛羊肉、水产品和豆制品，东北地区消费面食以外，多人一起就餐在不同程度上增加了食物浪费量。在浪费率方面，除了东部地区、西部地区和东北地区消费蛋类，中部地区和东北地区消费面食，以及中部地区消费牛羊肉和水产品以外，自己一人就餐的浪费率更低。这可能是因为多人一起就餐增加了情感上的交流，而自己单独就餐时更专注于食物的摄取，就餐的完成度更高，减少了产生的食物浪费。

4.17 不同用餐时间的对比

用餐时间对有些地区的浪费量和浪费率有一定的影响，对有些地区则基本没有影响。在浪费量方面，东、中、西部地区基本不受影响，八种食物的浪费量多少大体上是对半分布，而东北地区除消费禽肉和牛羊肉以外，午餐浪费量都大于晚餐浪费量；在浪费率方面，东部地区基本不受影响，总体上中、西部地区午餐浪费量小于晚餐浪费量，而东北地区同样除消费禽肉和牛羊肉以外，午餐浪费量都大于晚餐浪费量。其中的原因可能是地域分布和饮食文化的差异。

4.18 不同餐盘形式的对比

餐盘形式对不同地区的浪费情况影响也不同，对东北地区的浪费量和浪费率影响最大。在浪费量方面，餐盘形式对东部和中部地区基本没有影响，西部地区合成餐盘的浪费量更多，东北地区分装餐盘的浪费量更多；在浪费率方面，东部地区分装餐盘的浪费率更高，中、西部地区合成餐盘的浪费率更高，东北地区所有食物分装餐盘的浪费率都高于合成餐盘。使用分装餐盘会使每样食物看起来分量变小，却更加精致，不同地区的大学生接受的饮食文化不同，形成的饮食偏好也就不同，从而产生不同的浪费后果。

5

南北方对比分析

5　南北方对比分析

5.1　南北方总体的对比分析

按照共识，本报告以秦岭—淮河为南北分界线，将四川、云南、重庆、贵州、广西、湖北、湖南、安徽、江苏、上海、浙江、江西、福建、广东、海南15个省区市划分为南方，将黑龙江、吉林、辽宁、内蒙古、新疆、甘肃、青海、宁夏、陕西、山西、河北、北京、天津、山东、河南15个省区市划分为北方。

南方浪费情况较北方更为严重，该地区除了蔬菜之外，其他食材浪费率及总浪费率均高于北方。从数量上来看，南方除了猪肉和牛羊肉的浪费量低于北方外，其他食材浪费量均高于北方。且南方的两种主食浪费量远高于北方。两大区域的共性是，均是蔬菜和米制品浪费率最高，牛羊肉和蛋类最低，猪肉和禽肉浪费量同样较少（见图5.1）。

5.2　不同性别的对比

南北方男生浪费率基本一致。南方男生除了禽肉和蛋类浪费率低于北方之外，其他食材均略高于北方。两个地区中，蔬菜、豆制品、水产品浪费率最高，牛羊肉和蛋类浪费率最低。米制品浪费量低于面食，但是浪费率却高于面食（见图5.2）。

■ 高校食堂食物浪费报告

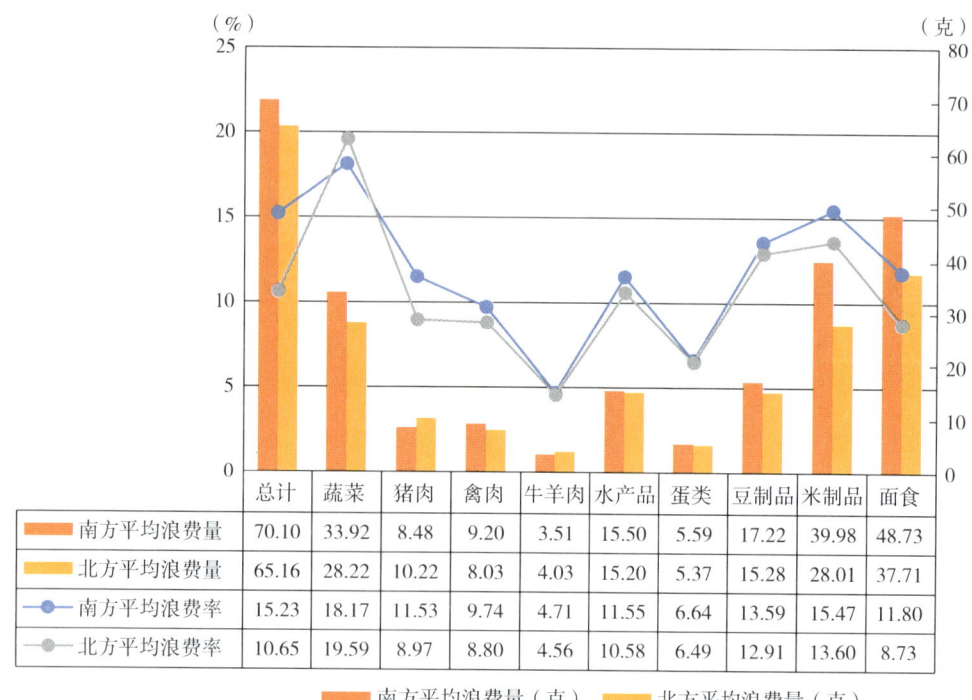

图 5.1　全国高校食堂食物浪费南北方对比

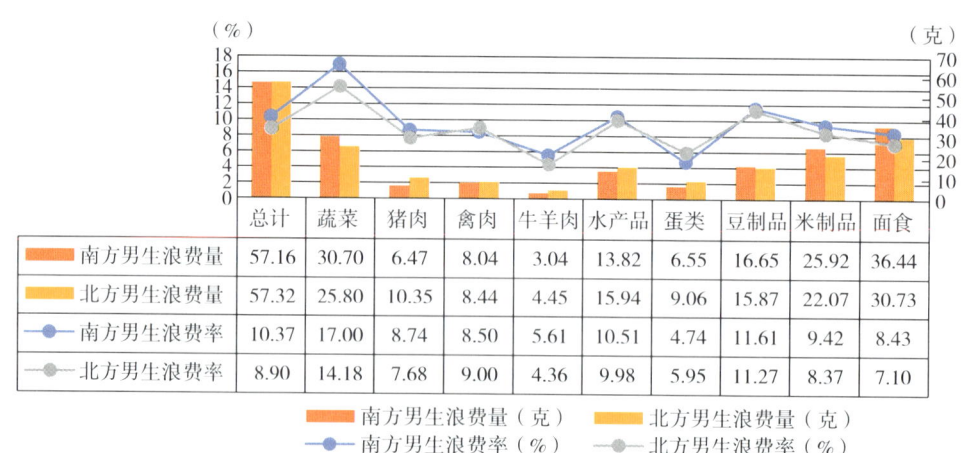

图 5.2　男生浪费情况南北方对比

南方女生浪费率远高于北方女生，除了牛羊肉之外，其他食材的浪费率和浪费量均高于北方女生。与男生情况不同的是，女生浪费率最高的三种食材为蔬菜、米制品和豆制品。浪费率最低的则同样是蛋类和牛羊肉。米制品浪费率同样高于面食，浪费量则接近于面食（见图5.3）。

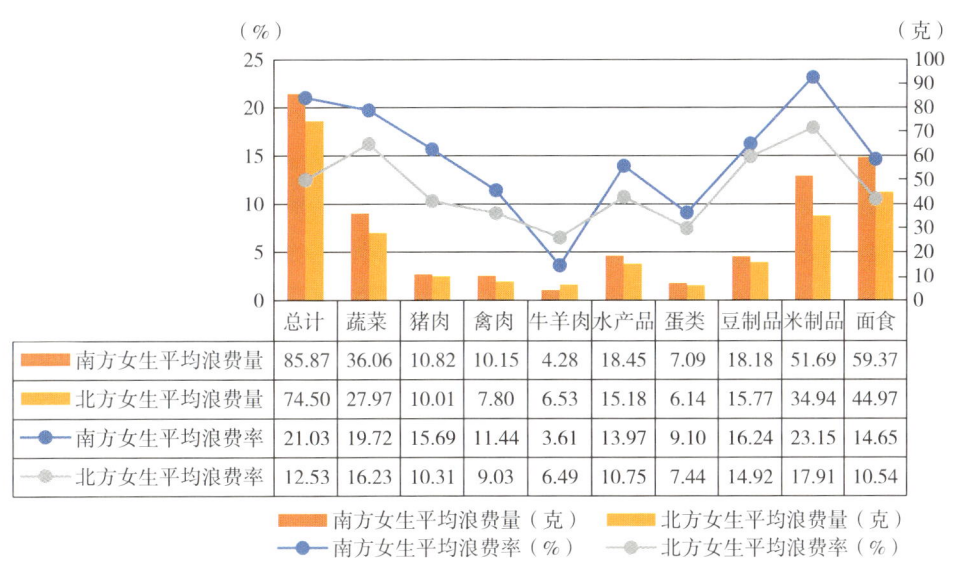

图5.3 女生浪费情况南北方对比

5.3 不同就餐日期的对比

工作日，北方蔬菜浪费率远高于南方，禽肉、牛羊肉、水产品、蛋类和豆制品浪费率与南方基本持平，米制品和面食浪费率远低于南方。蔬菜、豆制品和米制品为两地区工作日浪费率最高的三种食材。牛羊肉和蛋类浪费率最低。猪肉、禽肉、牛羊肉和蛋类浪费量较少（见图5.4）。

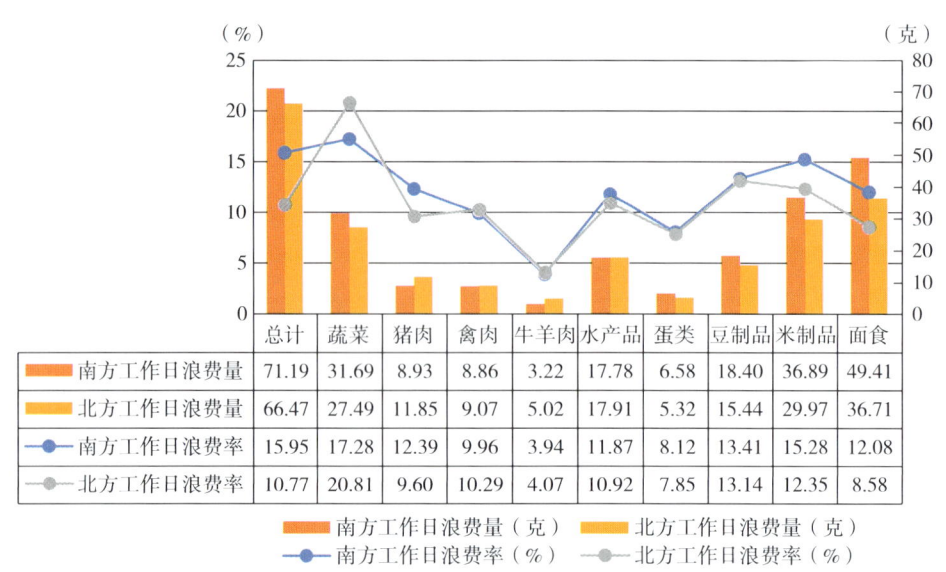

图5.4 工作日浪费情况南北方对比

在周末浪费率中，两地区差距明显。除了水产品及米制品浪费率接近之外，其他食材中，蔬菜、猪肉、禽肉、蛋类、豆制品和面食浪费率均是南方高于北方。北方的牛羊肉浪费率更高。北方牛羊肉浪费率较高的原因为该地区样本较少，且采用直接平均的办法计算，若采用加权平均，北方牛羊肉浪费率为2.60%。所以，两个地区周末浪费率中同样是牛羊肉和蛋类最低（见图5.5）。

5 南北方对比分析

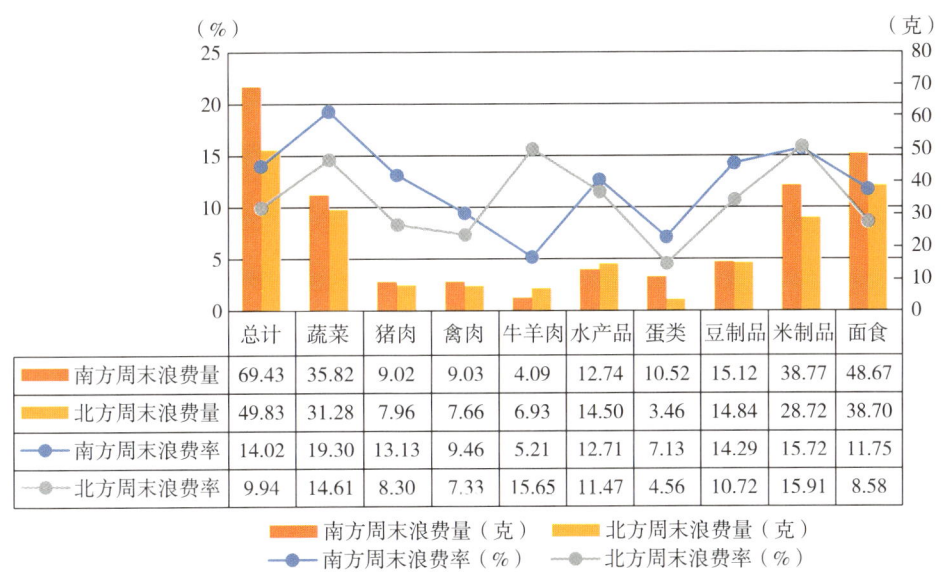

图 5.5　周末浪费情况南北方对比

5.4　不同家乡来源的对比

被调查者来自农村和非农村的浪费率南北方均基本相同，南方浪费情况略高于北方，唯一差距明显的是南方农村猪肉浪费率、非农村主食浪费率远高于北方，且南方非农村家庭的总浪费率也较高。蔬菜、米制品和豆制品的浪费率在南北两个地区中，农村家庭和非农村家庭均为最高，牛羊肉和蛋类浪费率均为最低。两个地区的猪肉、禽肉、牛羊肉浪费量均较少，基本在 10 克以下（见图 5.6 和图 5.7）。

高校食堂食物浪费报告

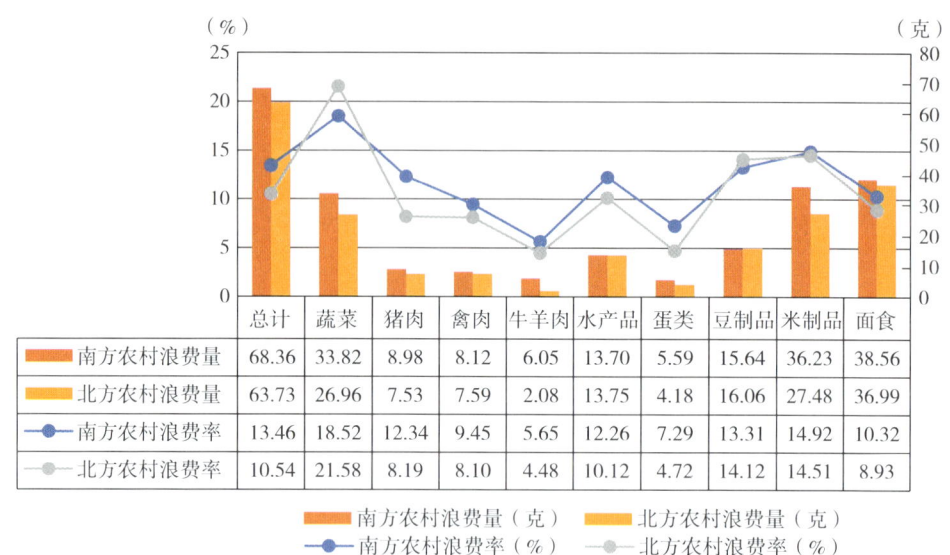

图 5.6　来自农村家庭的浪费情况南北方对比

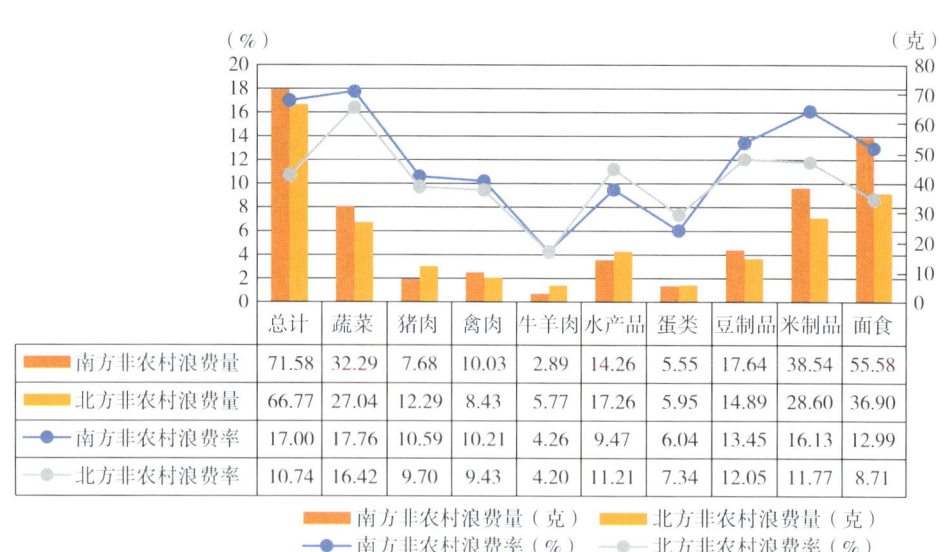

图 5.7　来自非农村家庭的浪费情况南北方对比

5.5 不同教育水平的对比

南方本科生普遍浪费情况高于北方本科生，仅有牛羊肉浪费量低于北方本科生 0.73 克。且以两大主食表现最为特殊，米制品人均浪费量高出北方本科生将近 12 克，面食人均浪费量高出北方近 17 克，总浪费量高出近 15 克。硕士生浪费情况，南北方各有高低。两大主要肉类——猪肉和禽肉均是南方硕士生浪费更多，此外蔬菜、蛋类、豆制品和米制品人均浪费量也远高于北方。北方硕士生则是在牛羊肉、水产品和面食上浪费量更高。从总浪费量来看，南方硕士生人均浪费 71.29 克，高于北方硕士生的人均 60.10 克（见图 5.8 和图 5.9）。

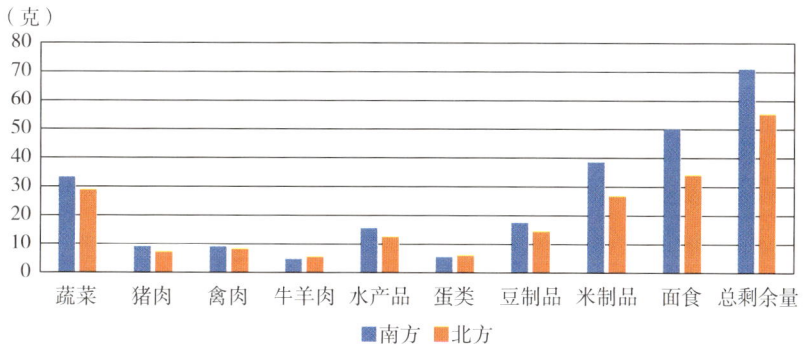

图 5.8 本科生浪费量南北方对比

高校食堂食物浪费报告

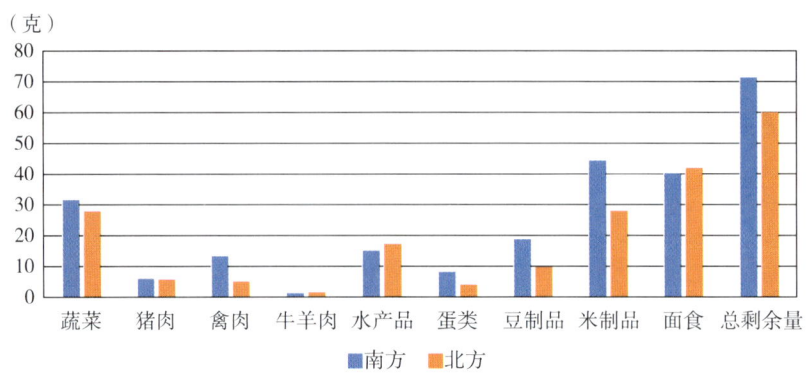

图5.9　硕士生浪费情况南北方对比

5.6　来自不同家庭规模的对比

在三种家庭规模的浪费情况中，南方被调查者的浪费普遍高于北方被调查者。小规模家庭对比时，北方家庭仅牛羊肉和蛋类人均浪费率高于南方，总浪费量情况更是低了15.82克，猪肉浪费量基本相同。中等规模对比时，北方被调查者在牛羊肉、水产品和蛋类的人均浪费量更高，总浪费量依然低于南方被调查者13.83克。大规模家庭对比，北方被调查者的人均浪费量高于南方被调查者的有猪肉、牛羊肉、蛋类和豆制品四种食材，总浪费量低于南方被调查者22.22克，其中仅面食浪费量就低于南方超过15克（见图5.10至图5.12）。

5 南北方对比分析

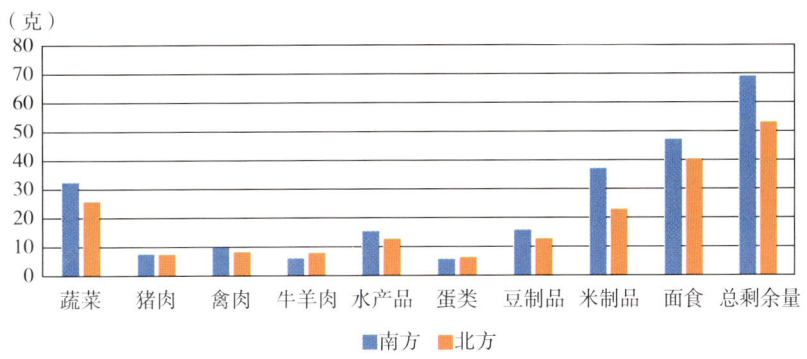

图 5.10 来自小规模家庭浪费量南北方对比

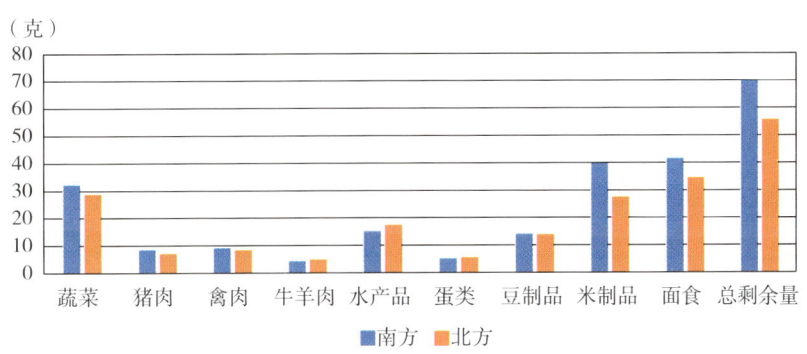

图 5.11 来自中等规模家庭浪费量南北方对比

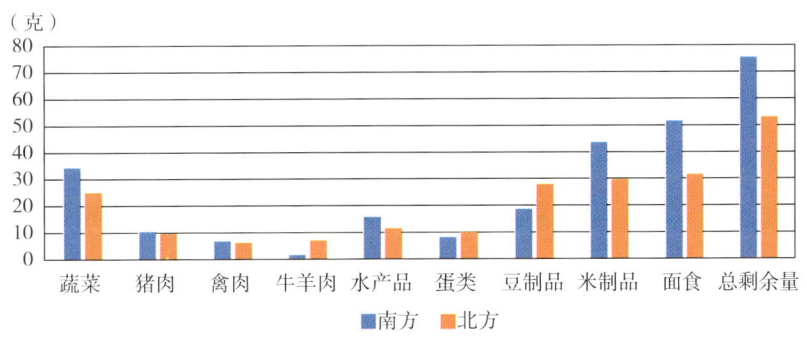

图 5.12 来自大规模家庭浪费量南北方对比

5.7 不同月支出水平的对比

课题组根据月支出水平是否大于或等于样本均值,将样本区分成低支出水平组和中等支出水平组进行对比。结果发现,南方被调查者在两组对比中均处于较高浪费率和量的水平,低支出水平组对比中,仅牛羊肉和蛋类人均浪费量低于北方,中等支出水平组对比中,仅有水产品低于北方。南方中等支出水平组总浪费量77.68克是所有分组中的最高水平,北方低支出水平组总浪费量54.82克是所有分组中的最低水平(见图5.13和图5.14)。

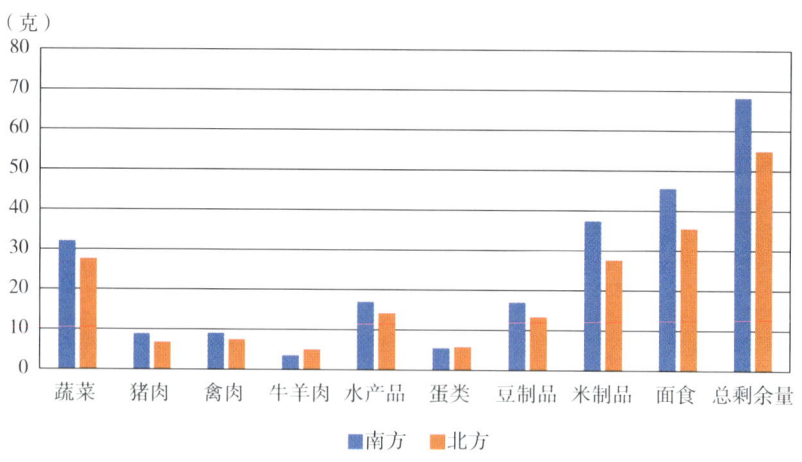

图5.13 低支出水平浪费量南北方对比

5 南北方对比分析

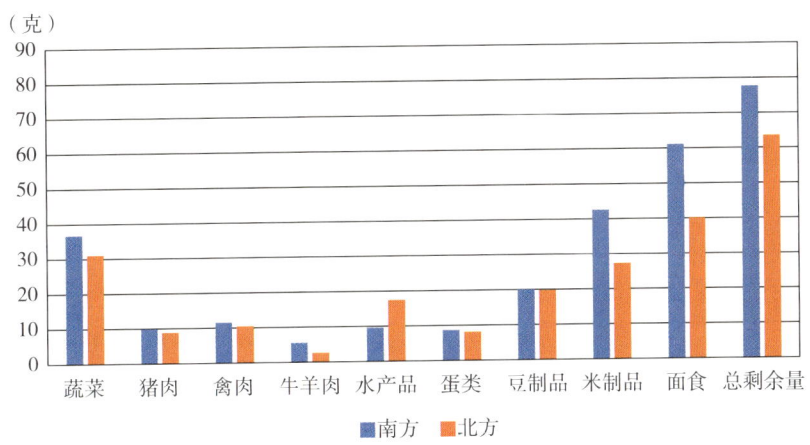

图 5.14 中等支出水平浪费量南北方对比

5.8 不同就餐时间的对比

在午餐和晚餐的两地区对比中，依然是南方浪费情况较北方更严重。除了北方晚餐蔬菜及牛羊肉浪费率高于南方之外，其他食材在午晚餐的对比中，均接近或远低于南方。午餐中，两地区各食材种类之间的浪费量差异较为明显，蔬菜、米制品、豆制品和面食浪费量远高于其他食材。晚餐中，蔬菜浪费率远高于其他食材，猪肉、禽肉和蛋类浪费率较为接近，水平较低，仅高于牛羊肉（见图 5.15 和图 5.16）。

高校食堂食物浪费报告

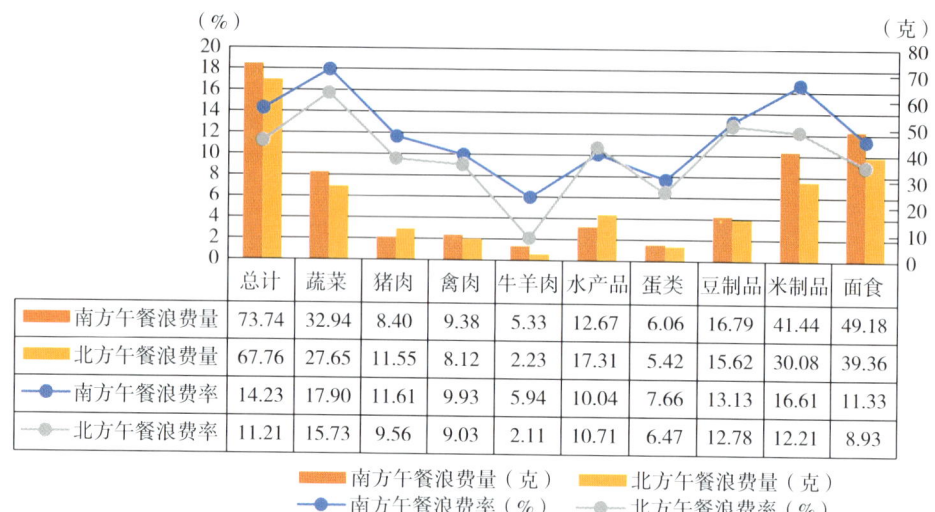

图 5.15　午餐浪费情况南北方对比

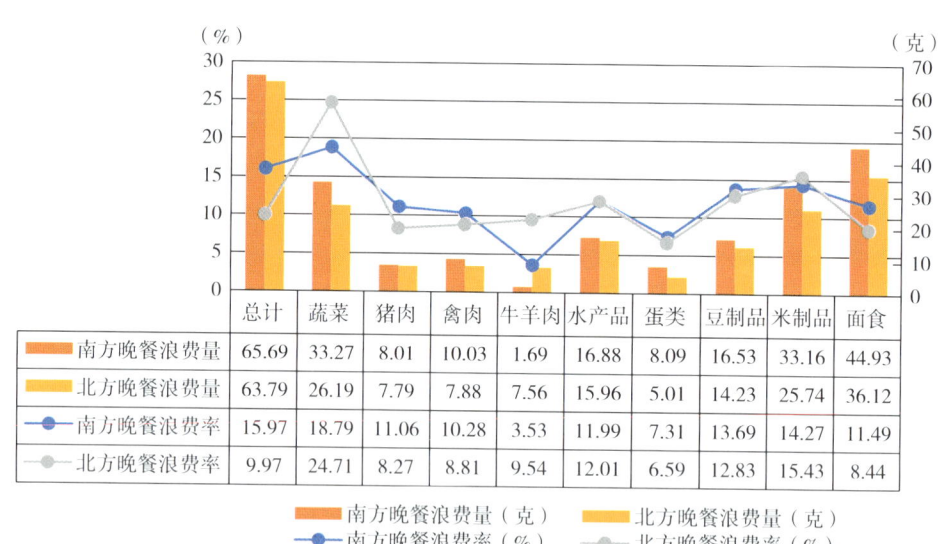

图 5.16　晚餐浪费情况南北方对比

5.9 不同餐盘的对比

两种餐盘形式基本一致，无论是合成还是分装，均是南方浪费水平高于北方。不过，在总浪费率中，南北方的合成餐盘浪费率均高于分装餐盘。米制品在两种餐盘中也是相同，合成餐盘浪费率高于分装餐盘。总浪费量中，南北方使用合成餐盘高于使用分装餐盘。其他食材浪费情况差异不明显（见图5.17和图5.18）。

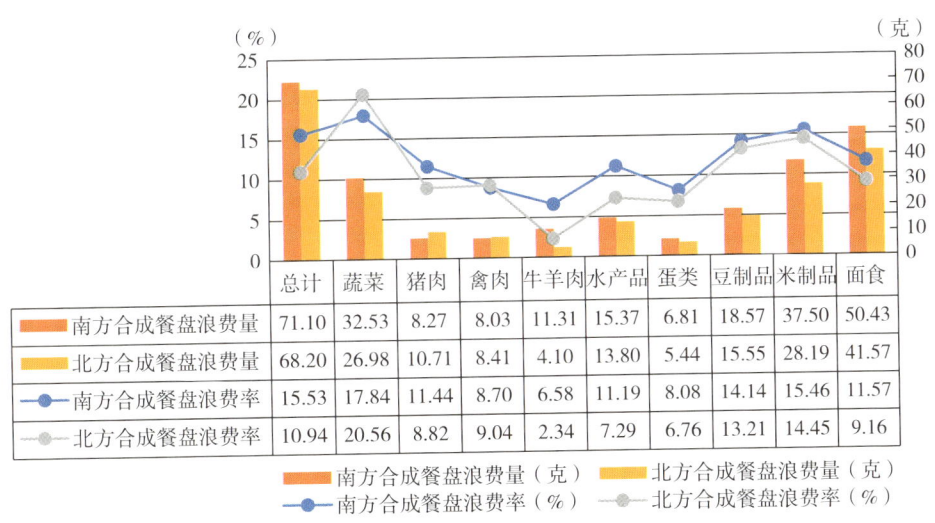

图 5.17　合成餐盘浪费情况南北方对比

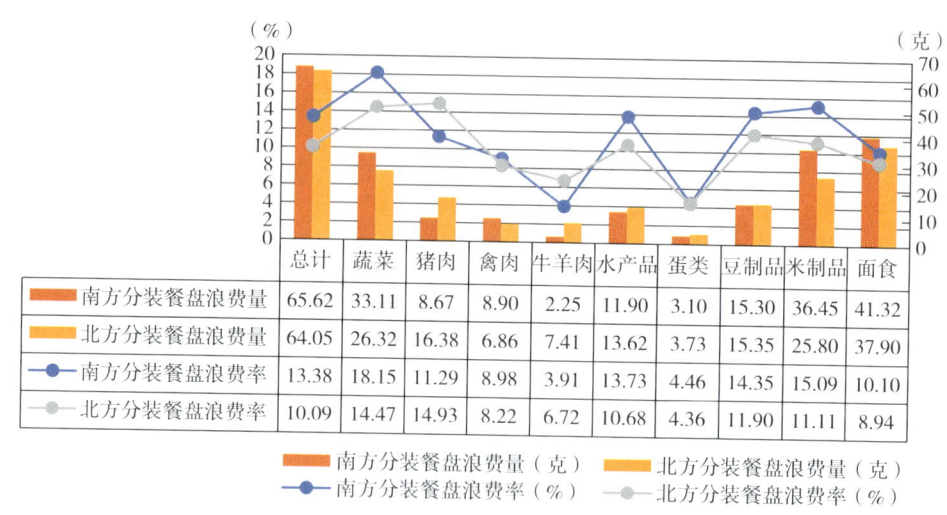

图 5.18 分装餐盘浪费情况南北方对比

5.10 不同就餐满意度的对比

对饭菜口味满意度的评价中,南方被调查者影响更深,除了水产品和豆制品之外,其他食材的浪费量与总浪费量均与口味满意度相关,随着被调查者对饭菜口味满意度的上升,浪费量也相应减少。在北方被调查者中,牛羊肉、水产品、蛋类与饭菜口味满意度关系不大,其他食材的浪费量与满意度成反比。

对就餐环境卫生的满意度与浪费量同样也成反比,南方被调查者除了牛羊肉、蛋类和豆制品之外,北方被调查者除了牛羊肉和水产品之外，所有食材浪费量和总浪费量，对卫生满意的被调查者小于对卫生满意度一般的被调查者。

饭菜品相的满意度对北方浪费量影响不深，其中蔬菜、猪肉、豆制品和米制品均与满意度相关，南方则有牛羊肉、蛋类和豆制品与满意度不相关，其他食材浪费量随着满意度的下降浪费量上升。

5.11 是否有人陪同就餐的对比

就餐人数对于被调查者浪费情况影响深远，南方除了蛋类和豆制品两种食材浪费量，在独自就餐和多人就餐类似，其他食材浪费量与总浪费量均是多人就餐高于独自就餐。北方被调查者出现了所有食材浪费量及总浪费量中多人就餐高于独自就餐的情况。可见，就餐人数与被调查者浪费情况相关。

6

总结

6 总结

在所有食材中，蔬菜的浪费率最高，且浪费量也在各类食材中处于较高水平。从浪费量来看，米制品与面食两大主食与蔬菜一同组成了浪费量第一梯队，远高于其他食材，水产品和豆制品浪费量次之，猪肉、禽肉、牛羊肉和蛋类的人均浪费量均在 10 克左右，在所有食材种类中最低。从浪费率来看，牛羊肉浪费率在所有食材种类中最低，蔬菜浪费率最高，两大主食浪费率也高于肉类和蛋类浪费率，豆制品浪费率同样较高。各种食材的浪费情况与该食材所制备的食物在高校食堂中售卖的价格关系较大，价格越贵的食材往往浪费率越低。

女生浪费情况普遍高于男生，以主食最为严重。两种主食浪费量均在男生的 1.5 倍以上，且总浪费率也高出男生近 7 个百分点。女生的米制品浪费率要远高于其他食材，达到20%以上，排在其后的是蔬菜和豆制品，而男生浪费率最高的三种食材依次是蔬菜、豆制品和水产品。硕士生浪费情况比本科生严重，高校食堂就餐中，博士生浪费较少。独生子女相比较非独生子女来说，肉类和蔬菜浪费情况更为严重。由父母带大的高校学生在食堂就餐中比由其他长辈带大的学生要具有节俭意识，浪费情况好于对方。

被调查者对于自身浪费情况有很清醒的判断，日常用餐的浪费情况与本次调查成正比。多人一同就餐时，浪费情况要比独自就餐更为严重。

类似"光盘行动"之类的节粮宣传，可以有效地改善高校食堂浪费情况，接受更多相应宣传的学生就餐时更珍惜粮食，可以减少不必要的浪费。

对就餐情况满意度深刻影响着被调查者的就餐行为，其中对于口味和食堂卫生条件更为满意的学生，会减少就餐中的食物剩余，控制浪费。

合成餐盘的浪费情况要高于分装餐盘，但是猪肉、牛羊肉和水产品在使用合成餐盘的时候，浪费率要低于分装餐盘。而且此次调查发现，高校普遍使用合成餐盘，可能与合成餐盘更方便售卖饭菜、更易于收集和清洁有关。

7

国家节约粮食相关政策及行动

7.1 国家粮食局关于切实加强节约粮食反对浪费工作的实施意见

2010年4月6日,国家粮食局以国粮调〔2010〕41号印发《关于切实加强节约粮食反对浪费工作的实施意见》。具体如下:

(1) 广泛开展爱粮节粮宣传活动,增强爱粮节粮意识。

(2) 切实做好粮食收购和仓储管理工作,降低收储环节的损失。

(3) 加快粮食现代物流设施建设,减少粮食运输损失。

(4) 科学制定粮油产品标准,提高粮油加工和转化利用率。

(5) 加强科技支撑,大力研发和推广节粮减损新技术。

(6) 大力推进放心粮油工程,引导粮油企业爱粮节粮和做好相关服务。

7.2 中共中央、国务院关于印发党政机关厉行节约反对浪费条例的通知

《党政机关厉行节约反对浪费条例》是为进一步弘扬艰苦奋斗、勤俭节约的优良作风,推进党政机关厉行节约反对浪费,建设节约型机关,根据国家有关法律法规和中央有关规定制定。由中共中央、

国务院于 2013 年 11 月 18 日印发实施。

7.3 国家粮食局关于粮食行业带头爱粮节粮反对浪费的指导意见

为认真贯彻落实党中央、国务院关于厉行节约、反对浪费的精神，动员全国粮食行业广大员工带头爱粮节粮、反对浪费，形成以粮食行业带头节粮减损的好行风，促进全社会树立起爱粮节粮的新风尚，以切实履行好"守住管好'天下粮仓'，做好'广积粮、积好粮、好积粮'三篇文章"的光荣使命，确保国家粮食安全，现提出如下意见：

（1）充分认识带头爱粮节粮、反对浪费的意义。

（2）带头深入开展爱粮节粮宣传教育活动。

（3）带头树立勤俭节约、科学健康的文明新风尚，减少餐桌浪费。

（4）加强组织领导。

7.4 教育部、国家粮食局合力推动"中小学爱粮节粮教育社会实践基地"建设工作

"国以粮为本，民以食为天"，粮食问题永远是人类生存发展面

临的首要问题，开展节粮教育已经成为全民普及型教育的一项重要内容。中小学节粮教育不仅需要在学校内开展，更需要组织学生到社会资源中亲身体验和实践。各级教育部门和粮食部门积极探索建立有效的合作机制，发挥各行业、企业开展节粮教育的资源优势，共同建设中小学爱粮节粮教育社会实践基地。

由教育部、国家粮食局联合下发的《关于建立中小学爱粮节粮教育社会实践基地开展节粮教育的通知》（教基一函〔2011〕8号）已于6月初下发至各省、直辖市、计划单列市粮食局、大型国有企业。截止到2011年8月8日，全国已有17个省（区市）共31家企事业单位、科研院所提交了中小学爱粮节粮教育社会实践基地（以下简称"实践基地"）申报材料，经国家粮食局发展交流中心组织相关人员进行初评，有12家企事业单位、科研院所符合相关条件，下一步与教育部有关部门交换意见并进行实地考察、验收后将确定首批实践基地名单。首批实践基地名单将于2011年9月中下旬召开的实践基地建设座谈会上公布，并于2011年10月16日"世界粮食日"主题宣传活动时予以授牌。

据悉，按照先行试点、分步推进、网状布局的原则，国家粮食局、教育部将分阶段在全国范围内建设一批实践基地。第一阶段，用1~2年的时间，在全国范围内选择基础条件成熟、设施完善、操作性强的企业、院所和机构作为试点，设立10个左右的示范基地；第二阶段，用3年左右的时间，在示范基地基础上，各省会城市设立1~2个实践基地，逐步推开；第三阶段，用5年左右的时间，争取在全国各大中型城市设立实践基地，并在北京、天津、上海、重庆等特大城市设立 1~2 个能够反映全产业链的实践基地。实践基地申报、评审工作每两年左右时间进行一次并对已评定为实践基地的企事业单位进行定期考评，对社会反响良好，考评优秀的企事业单位将给予适当奖励。

7.5 中国粮食行业协会发布《粮食行业爱粮节粮自律公约》

针对在粮油加工和消费领域存在的浪费粮食的现象，为加强行业自律，强化爱粮节粮意识，树立爱粮节粮风尚，促进爱粮节粮工作，维护国家粮食安全，中国粮食行业协会于 10 月 16 日"世界粮食日"公开发布《粮食行业爱粮节粮自律公约》，并号召全行业企业和职工积极响应、自觉履行。

公约对粮油企业和职工爱粮节粮的责任和义务做出了具体规定，倡导粮油企业广泛开展爱粮节粮宣传教育，建立健全责任制度，切实落实各项工作措施，搞好科学储粮、绿色储粮、生态储粮，发展"四散"作业、无缝链接，合理控制加工精度，大力发展粮油副产品深加工综合利用，提高资源利用率；同时，倡导粮油职工发扬"宁流千滴汗，不坏一粒粮"的行业传统和优良作风，以身作则，厉行节约，自觉抵制一切浪费粮食的不良现象，带头实现科学消费、健康消费。

公约明确提出，反对在粮油加工领域存在的过度加工、过度包装、二次抛光大米等做法，以及在消费领域存在的过多采用"油炸"、"水煮"等烹饪方式和讲排场、摆阔气、大吃大喝等不良现象。

7.6 全国商贸流通业爱粮节粮宣传周

为了落实习近平总书记"厉行勤俭节约，反对铺张浪费"的重要指示，引导全社会爱粮节粮，公民建立科学的粮食意识，企业弘扬"崇尚节约，惜粮如金"的节俭精神，国家粮食局等部门联合发起了在"世界粮食日"期间的全国爱粮节粮宣传周的主题活动。根据活动安排，中国商业联合会组织全国大型连锁零售企业，将10月13～19日确定为"全国商贸流通业爱粮节粮宣传周"，推动"节约一粒粮"行动全面深入开展。

2014年10月13日，全国商贸流通业爱粮节粮宣传周启动仪式在北京翠微大厦举行。国家粮食局吴子丹副局长，中国商业联合会王琴华副会长、安惠民党委副书记、张丽君副秘书长等领导出席了启动仪式，北京翠微大厦股份有限公司、北京京客隆商业集团股份有限公司、北京物美商业集团股份有限公司、锦江麦德龙现购自运有限公司、沃尔玛（中国）投资有限公司、益海嘉里集团等活动协办单位也派代表出席了启动仪式。

全国商贸流通业爱粮节粮宣传周期间,6家大型零售企业积极承担社会责任,将在全国上千个门店,通过广播宣传、张贴宣传海报、发放宣传手册、播放爱粮节粮宣传片等形式,倡导消费者养成惜粮如金、节粮成习的良好风尚。

7.7 中宣部、发改委《关于开展节俭养德全民节约行动的通知》

中宣部、发改委会日前发出《关于开展节俭养德全民节约行动的通知》(中宣发〔2014〕21号),要求以实现中华民族伟大复兴中国梦为根本目标,紧紧围绕社会主义核心价值观的培育践行,深入进行节俭节约宣传教育,广泛开展多种形式的节俭节约实践活动,在全社会营造厉行节约、拒绝浪费的浓厚氛围。

通知指出,节俭节约是中华民族的传统美德,是社会主义核心价值观的重要内容。开展节俭养德全民节约行动,对于推动生态文明建设,加快构建资源节约型、环境友好型社会,培育和践行社会主义核心价值观,在全社会凝聚起实现"两个一百年"奋斗目标的强大力量,具有重要的现实意义。

通知强调,要加强正面宣传,弘扬中华民族戒奢克俭优良传统,大力宣传节俭节约的先进典型,积极倡导节约光荣社会风尚,推动人们养成健康文明生活方式。要抓好监督，曝光铺张浪费的典型案例，形成破除讲排场、比阔气等不良风气的强大舆论压力，强化节约光荣、浪费可耻的导向。

通知强调，要注重结合融入，广泛开展节约主题的群众性教育实践活动。在党政机关和党员干部中开展"俭以养德　向我看齐"教育实践活动，引导党员干部在崇尚节俭、反对浪费上发挥模范带头作用。在社区和家庭开展"俭以养德　人人行动"教育实践活动，号召全社会从每一个人做起、从每个家庭做起，让节俭节约蔚然成风。动员各行各业开展"俭以养德　见于管理"教育实践活动，把节俭节约理念做到管理中、融入实际工作中、贯穿社会治理中。

通知强调，要把节俭节约意识融入学校教育。开展青少年节俭养德主题教育，加大节约资源教育与宣传力度，让青少年在浓郁的氛围中受到熏陶、得到感染，从小树立节约光荣、浪费可耻的思想观念。在大中小学开展"文明餐桌"等主题实践活动，建设节俭节约实践基地，组织开展节粮、节水、节电体验活动和志愿服务活动。

通知强调，各地各有关部门要把节俭养德全民节约行动摆在重要位置，精心组织、密切配合、各展所长，形成规模、形成声势。要充分发挥群众的主体作用和主动精神，把群众发动起来，让群众参与进来，使群众成为全民节约行动的主角。要不断创新形式和载体，增强群众性、广泛性和吸引力、感染力。

7.8 向相关部门乃至全社会宣传爱粮节粮

国家粮食局与总后勤部联合下发通知,开展"粮油服务进军营、餐桌节约促强军"活动;与教育部联合建立中小学爱粮节粮教育社会实践基地;与教育部、中央文明办、共青团中央、中国科协共同开展"2013年青少年科学调查体验"活动;与科技部联合开展主题为"科学节粮减损、保障粮食安全"的粮食科技活动周活动。通过这些形式多样的活动,唤醒广大群众的爱粮节粮意识。今年10月16日,国家粮食局、农业部、联合国粮农组织在北京大学联合举办"世界粮食日"和"全国爱粮节粮宣传周"活动,并在全国设立分会场,通过组织讲座、主题展览、编写发放宣传册等活动,面向全社会开展爱粮节粮宣传。国家粮食局还通过各大新闻媒体开展"爱粮节粮"宣传,通过电信部门向手机用户发送爱粮节粮短信,提示广大消费者珍惜粮食、传承美德。国家粮食局已与全国妇联启动开展了"爱粮节粮进家庭"活动,以充分调动和发挥妇女在家庭中带头爱粮节粮的作用。国家粮食局还将与工信部、国家质检总局联合开展以"粮油适度加工、保营养保安全"为主题的粮油加工业节粮减损专项行动。

8

部分高校减少食堂食物浪费举措

8.1　清华大学

（1）去食堂路上先看"光盘"海报。

（2）收盘处有提醒适量的提示牌。

（3）推出小馒头价钱少一半。

8.2　东南大学

由校党委学工部、化学化工学院党委主办，化学化工学院本科生党支部承办的"反对奢侈浪费　争做节粮先锋"的党日系列活动启动仪式在九龙湖校区大学生活动广场举行。此次系列活动旨在倡导节约光荣、浪费可耻的理念，启动仪式后，在校园餐厅中倡导"光盘"行动，参与春耕、体验农民艰辛生活行动，捐物换粮、扶贫助孤行动等活动将陆续开展。

8.3　西南大学

协调社会各界，加强宣传工作。学校相关组织机构、学生社团等组织各种形式的宣传活动，营造良好的节粮氛围。加强教育学习，提高个人素质。消费者应该利用各种途径加强学习，增强自己的节粮意识。改善就餐环境，合理供应食品。餐馆方面应该为消费者营造良好的就餐环境，合理供应食品，提高服务质量。推动节约粮食，贵在切实行动。大学生应从自身做起，避免"情绪化消费"、"攀比消费"等，养成合理点菜、吃不完打包等习惯。

8.4 北京化工大学、对外经济贸易大学、北京联合大学等

近日，北京化工大学、对外经济贸易大学、北京联合大学等多所高校的食堂里、窗口上都能找到有关节约粮食、适量点餐的宣传，有的是以文字的形式贴于食堂窗口，有的则是以宣传画的形式出现在墙壁，有些宣传画还是同学们自制的，画风时尚，让年轻人更容易接受。以北京化工大学第四食堂为例，学生食堂一直允许学生们点半份菜，鼓励学生们力行节约。点半份菜并不麻烦，刷卡机的系统都能灵活掌握。刷卡付账时，比如一道菜 6 元，半份就是 3 元。除了能单点半份菜，根据当天的菜品，很多窗口还推出了"套餐"，比如两荤一素、两素一荤等，工作人员说，这样的搭配不仅能让同学们养成节约的好习惯，还能帮孩子们更省钱。

8.5 陕西师范大学

"我这顿饭花了 3 块 3!"中午,陕西师范大学雁塔校区学子食府一层餐厅人头攒动,文学院大一学生李林红高兴地算了一笔账:菜花红烧肉 52 克,1.16 元;青菜蘑菇炒肉 60 克,1.02 元;米饭 120 克,0.24 元……打饭居然能精确到克?原来,陕西师大发明了"打菜神器",每个盛菜的大盆下面,都有一个精准度很高的电子秤。盛出饭菜后,电子秤灵敏感知到大盆减轻的重量,然后折合成金额,由学生直接刷卡缴费即可。学校正在进一步通过科技创新推动餐饮服务智能化,并将这一做法推广到更多领域,推进节约型校园建设。

8.6 山西大学

山西大学通过学生会自发组织"反对浪费"志愿者团队,推行"我与光盘"合影等方式广泛开展"光盘行动",让校园节约成为一种新风尚。

8.7　北京大学

餐饮中心多措并举、厉行节约反对浪费：

（1）提供小份饭，部分食堂提供免费续加米饭的服务。

（2）提出菜品"少炒、勤炒，不怕麻烦"。

（3）开展新学期员工培训。

（4）倡导"节约每一滴水、每一度电"。

（5）张贴"光盘行动，有你有我"、"浪费不以量小而为之，节约不以微小而不为"等提示语。

（6）餐饮中心还将加强与学生和教职工的沟通，针对师生员工提出的意见和建议，继续研究制定相关措施，努力为师生员工提供优质的餐饮服务。

8.8　复旦大学

节粮、节水、节电，共建"节约校园"——开展"三节"活动。

为深入贯彻中央关于厉行勤俭节约、反对铺张浪费的精神，大力推进节约型校园建设，教育引导学生树立"节约光荣、浪费可耻"的意识，养成良好的行为习惯，复旦大学总务处积极响应教育部号召，深入开展节粮、节水、节电活动（简称"三节"活动），以"节粮、节水、节电，共建节约校园"为主题，在邯郸校区本部食堂外举行了一场节水宣传专题活动。

9

全国高校食堂食物浪费量估测

9 全国高校食堂食物浪费量估测

根据 2016 年教育部发布的《中国高等教育质量报告》可知，全国大学生在校人数大约为 3700 万人。本报告根据此数据以及本次调研结果推算全国高校食堂浪费情况。

在本次调查结果中，高校食堂学生就餐人均浪费猪肉 9.35 克、禽肉 8.62 克、蛋类 5.48 克、米制品 33.99 克、面食 43.03 克。其中猪肉、禽肉及蛋类按照本次调查中的食用比例估算得出，全国高校食堂每天浪费猪肉 281.1 吨、禽肉 243.34 吨、蛋类 94.94 吨，浪费两大主食——米制品及面食总量 2515.26~3184.22 吨。

由此估算每年高校食堂食物浪费数量，除去寒暑假及各类假期，按照学生每年在校 9 个月（270 天）计算可得：全国高校食堂每年浪费猪肉 75897.25 吨、禽肉 65702.13 吨、蛋类 25634.32 吨，两大主食浪费总量 679120.2~859739.4 吨，浪费情况惊人。此次调查中，课题组为获取食物生熟转换系数采访了部分高校食堂厨师，在表 9.1 中分别给出了各高校食堂师傅在烹饪食物时，估算每 500 克生食材烹饪完毕后所获得的最终食物的重量，并根据平均数据计算得出生熟转化率。按照此食物生熟转化系数计算可知：全国高校食堂每年造成生猪肉浪费量 124195.5 吨、生禽肉浪费量 97336.49 吨、鲜蛋类 33484.6 吨，造成的年生猪肉浪费量约占 2017 年全国猪肉生产量的 0.23%，造成的鲜蛋类浪费量约占 2017 年全国禽蛋生产量的 0.11%。

参考《中国农民工粮食需求报告》（武拉平，2017），猪肉、禽肉及蛋类动物产品转换华安系数分别为 3.06、2.18、2.37，水稻出米率按照 73% 计算，小麦的出粉率（标准粉）按照 82% 计算。利用动物产品耗粮系数可推算：全国高校食堂食物消费每年因猪肉浪费造成的原粮损耗为 380030.22 吨、每年因禽肉浪费造成的原粮损耗为 212193.54 吨、每年因蛋类浪费造成的原粮损耗为 79358.51 吨。根据国家统计局发布的数据，2017 年全国粮食单位面积产量 367 公斤/亩，由此推算得出：在全国高校食堂食物消费中，因猪肉浪费造成 103.55 万亩耕地被白白浪费，禽肉浪费及蛋类浪费造成的原粮损失等价于 57.82 万亩及 21.62 万亩的耕地的年粮食产量。

按照稻谷 73% 的出米率和小麦 82% 的出粉率（标准粉）测算，主食浪费情况同样严重。每年因主食浪费造成的原粮损耗在 416552.98～650209.416 吨。根据国家统计局数据，2017 年全国稻谷亩产量 460.68 公斤、小麦亩产量 360.61 公斤，推算得知：全国高校食堂食物消费每年因米制品和面食两大主食的浪费造成的耕地损失为 90.42 万～180.31 万亩。

表 9.1　高校食堂厨师食物生熟转化系数访谈汇总

序号	学校	猪肉	禽肉	蛋类	米制品	面食
1	海南大学	300	450	370	900	900
2	宁夏大学	—	350	375	2000	1000
3	青海师范大学	350	350	400	1250	750

续表

序号	学校	猪肉	禽肉	蛋类	米制品	面食
4	北京师范大学	275	275	375	1000	—
5	河北大学	300	250	350	1000	700
6	西南林业大学	325	350	350	1000	1000
7	山西财经大学	300	350	550	1150	1050
8	兰州理工大学	250	425	350	1000	350
9	南京财经大学	275	275	—	—	—
10	宿州学院	375	300	325	750	700
	平均	305.56	337.50	382.78	1116.67	806.25
	生熟转化系数	1.64	1.48	1.31	0.45	0.62

全国高校食堂食物消费每年产生的猪肉、禽肉、蛋类、米制品和面食的浪费量之和，相当于 1088143.25～1321799.69 吨的原粮白白损失，此数量已经超过西藏 2017 年全年粮食总产量。同样相当于 273.41 万～363.3 万亩的良田全年生产的粮食之和，浪费面积基本等同于海南 2017 年全省粮食播种面积之和。可以说，高校食堂的浪费情况触目惊心，需要花大力气来整治，减少高校食堂就餐中的食物浪费。杜绝"舌尖上的浪费"同时也是对资源环境的节省和保护，要让更多的青年大学生认识到这一点，并结合自身实际，从点滴做起，从贯彻"一饭一粥、一丝一缕，当思来之不易"做起。

参考文献

[1] 樊琦,刘梦芸.餐饮消费环节粮食浪费治理对策研究[J].粮油食品科技,2015(3):104-107.

[2] 范婷婷,何世潮.大学生粮食浪费现象调查研究[J].才智,2014(12):70.

[3] 韩风.国家粮食安全战略视域下大学生粮食浪费问题调查研究——以河南师范为例[J].青年与社会,2014(3):9.

[4] 汪洋.当代大学生中浪费现象的成因与对策[J].时代经贸,2008(10):24-26.

[5] 尹成林,吴龙剑.粮食节约减损要建立长效机制[J].中国粮食经济,2014(1):59-60.

[6] 王灵恩,成升魁,刘刚,刘晓洁,白军飞,张丹,高利伟,曹晓昌,刘尧.中国食物浪费研究的理论与方法探析[J].自然资源学报,2015(5):715-724.

[7] 赵婧. 浅谈大学生节约意识的教育 [J]. 发展, 2008 (1): 95-96.

[8] 赵云昌, 孙丽. 当前高校学生浪费行为调查研究——以吉林农业大学在校学生调查为例 [J]. 吉林省教育学院学报（下旬）, 2013 (32): 5.

[9] 张丹, 成升魁, 高利伟, 刘晓洁, 曹晓昌, 刘尧, 白军飞, 许世卫, 俞闻, 秦奇. 城市餐饮业食物浪费碳足迹——以北京市为例 [J]. 生态学报, 2016 (18): 5937-5948.

[10] Bolton L E, Alba J W. When less is more: Consumer aversion to unused utility [J]. Journal of Consumer Psychology, 2012, 22 (3): 369-383.

[11] EC. Preparatory study on food waste across EU-27. Technical Report-2010-054. European Communities, 2011 ISBN: 978-92-79-22138-5, DOI: 10.2779/85947.

[12] Ella Graham-Rowe, Donna C. Jessop, Paul Sparks. Identifying motivations and barriers to minimizing household food waste. Resources [J]. Conservation and Recycling, 2014 (84): 15-23.

[13] FAO. Food wastage footprint impacts on natural resources-summary report [R]. Rome, 2013.

[14] Griffin J, Sobal J, Lyson T A. An analysis of a community food waste stream [J]. Agriculture and Human Values, 2009, 26 (1): 67-81.

[15] Gustavsson J, Cederburg C, Sonesson U, van Otterdijk R, Meybeck A. Global food losses and food waste: Extent, causes and prevention [R]. 2011.

[16] Jessica Clark. What are the factors that an opportunity sample of UK students insinuate as being associated with their wastage of food in the home setting? [J]. Resources Conservation & Recycling, 2018, 130: 20 – 30.

[17] Ludovica Principato, Secondi L, Pratesi C A. Reducing food waste: An investigation on the behaviour of Italian youths [J]. British Food Journal, 2015, 117 (2): 731 – 748.

[18] Lundqvist J, Fraiture C D, Molden D. Saving water: From field to fork: Curbing losses and wastage in the food chain [J]. Siwi Policy Brief, 2008.

[19] Parfitt J, Barthel M, Macnaughton S. Food waste within food supply chains: Quantification and potential for change to 2050 [J]. Philosophical Transactions of the Royal Society of London, 2010, 365 (1554): 3065 – 3081.

[20] Quested T E, Parry A D, Easteal S, et al. Food and drink waste from households in the UK [J]. Nutrition Bulletin, 2011, 36 (4): 460 – 467.

[21] WRAP. Household food and drink waste in the UK [R]. Final Report. Waste and Resources Action Programme. Banbury, UK, 2009.

[22] WRAP. New estimates for household food and drink waste in the UK [R]. Final Report (version 1.1). Waste and Resources Action Programme. Banbury, UK, 2011.

后　记

本报告为南京财经大学粮食安全与战略研究中心的年度重点研究报告。依托于江苏省高校哲学社会科学重点研究基地——南京财经大学粮食安全与战略研究中心和江苏省高校协同创新中心——现代粮食流通与安全协同创新中心共同完成。

本报告是粮食公益性行业科研专项、国家社会科学基金、国家自然科学基金、现代粮食流通与科技协同创新中心、江苏高校优势学科、江苏省重点学科的重大项目成果。

本报告由李丰、钱龙负责框架设计与统稿，钱壮为主要执笔人。

本报告是在对全国30个省区市的高校食堂调研基础上形成的。再次感谢南京财经大学粮食经济研究院2015级、2016级、2017级硕士生和2016级、2017级博士生。他们是朱瑶瑶、蒋文斌、钱壮、胡美玲、倪智伟、肖城灼、严洁君、袁洁薇、张婷、朱西慧、丁圆元、娄益龄、储怡菲、陈心恬、唐杰、赵一妮、颜琰、汪紫钰、刘婷、胡迪、薛平平、朱强、缪书超、胡晓娅、林思源、宋亮。

感谢湖州师范学院、沈阳理工大学、上海财经大学、吉林大学、武汉轻工大学、哈尔滨工业大学、江西农业大学、湖南大学、广西大学、厦门理工学院、西南林业大学、河北大学、贵州大学、天津财经大学、深圳大学、四川农业大学、北京师范大学、海南大学、陕西师范大学、河南财政金融学院、兰州理工大学、宁夏大学、重庆理工大学、青海师范大学、山东财经大学、山西财经大学、宿州学院、内蒙古工业大学、石河子大学、南京邮电大学等高校的老师、学生及食堂工作人员的积极配合（排名不分先后）。

此外，感谢中国科学院地理科学与资源研究所的刘晓洁老师、王灵恩老师对调研问卷设计提供的宝贵意见。

南京财经大学粮食经济研究院曹宝明院长高度重视本报告的筹划、研究和出版，南京财经大学粮食经济研究院副院长、党总支书记李光泗教授为本报告的撰写和出版提供了非常重要的参考意见。蔡荣副教授、赵霞副教授等相关老师，丁圆元、沈文、杨子江等硕士生对本报告的研究也做出了积极贡献，在此一并致谢。